世界でいちばん素敵な
中世ヨーロッパの教室
The World's Most Wonderful Classroom of Medieval Europe

サン・シル・ラポピー（フランス）

中世ヨーロッパの教室へようこそ

21世紀はスマホの時代——そんな思いに駆られます。ですが、そうした毎日に背を向け、スマホもなかった中世ヨーロッパの暮らしを楽しんでみませんか。

中世ヨーロッパの大人や、子供はどんな暮らしをしていたの?
王様や教会のトップリーダーはどういった力を誇示したの?
魔法使いは、ホントにいたの?
情報ネットは、あったの? ……

ワクワクしながらページをめくってみてください。
本書はスマホと向き合う毎日から自分を解き放し、
自らを癒してくれる一冊だと思います。

ヨーロッパ各地に残る幻想的な風景や中世の芸術に目を向けながら、
Q&Aの形式で簡潔に分かりやすく歴史が感じられるようにつくられています。
さあ、中世の扉を開けましょう。

2024年11月　とあるゴシック教会の「木漏れ日」のなかで

祝田秀全

ピーテル・ブリューゲル『子供の遊戯』(美術史美術館所蔵／ウィーン)

Contents
目次

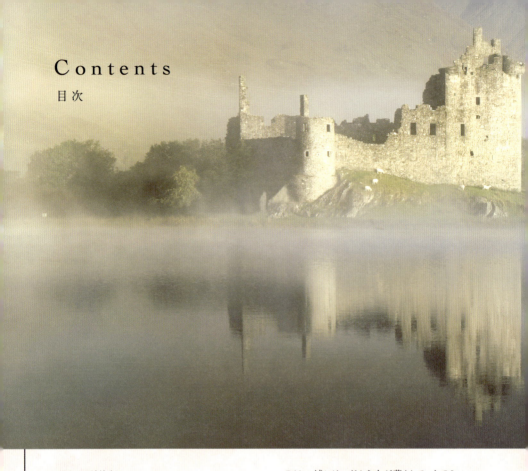

- P2　はじめに
- P8　ヨーロッパの中世って、いつから始まるの？
- P12　中世の雰囲気が残る城や街って、いまでもある？
- P16　中世ヨーロッパには、どんな身分があったの？
- P20　皇帝と教皇、どっちが偉かったの？
- P24　諸侯って、どんな人たち？
- P28　カール大帝の最大の功績は？
- P30　騎士は、どんな戦闘訓練をしていたの？
- P34　騎士道を、どうやって学んでいたの？
- P38　上流階級では、どんな女性がモテたの？
- P40　COLUMN01　中世の1年
- P42　美しい城がたくさんあるけれど、戦争のときだけ使われていたの？
- P46　城には、どんな人が暮らしていたの？
- P50　城は、どうやって攻めたの？
- P54　聖剣って、実在するの？
- P58　重い甲冑を着た騎士は身軽に動けたの？
- P62　十字軍運動が始まるきっかけに何があったの？
- P66　百年戦争って、100年間ずっと戦っていたの？
- P70　傭兵隊長の仕事を教えて！
- P72　COLUMN02　中世飯
- P74　紋章には、どんな意味が込められているの？
- P78　中世の農村は、どうやって形作られたの？
- P82　中世の領主は、どうやって収入を得ていたの？

キルカーン城（イギリス）

P86	中世ヨーロッパの庶民はどんな家に暮らしていたの？	P126	中世のモード
P90	中世の都市は、どうやって生まれたの？	P128	中世に使われていた暦はどんな暦？
P94	中世の都市は誰が統治していたの？	P130	有名な定期市を教えて！
P98	都市に暮らす職人はどんな風に出世したの？	P134	当時の最新の科学って何？
P102	中世ヨーロッパは、カトリックが絶対的権威だった？	P138	中世ヨーロッパで、最も恐れられた災厄は何？
P106	大聖堂の形に何か意味はあるの？	P142	中世ヨーロッパが不安定だったのはなぜ？
P108	COLUMN03　聖人信仰	P146	世界で最初に開設された大学はどこ？
P110	中世の豪華な壁掛けを美術館でよく見かけるけれど、どうやって使っていたの？	P150	中世ヨーロッパで、民衆に愛された英雄は？
P116	中世ヨーロッパの歌は今でも残っているの？	P154	COLUMN04　聖地巡礼
P118	中世の街道は、四通八達していたの？	P156	中世ヨーロッパ史年表
P122	中世ファッションの特徴を教えて！	P158	参考文献
		P159	監修者紹介

中世ヨーロッパの知識は、空想世界へのパスポート。

『貴婦人と一角獣　我が唯一つの望みに』（パリ中世美術館／パリ）

Q ヨーロッパの中世って、
　いつから始まるの？

ローマ水道橋公園
(ローマ／イタリア)

ローマ帝国の建築技術の高さを象徴するアーチ橋の廃墟。ローマの高度な文明は、その滅亡とともに失われていきました。

A 西ローマ帝国が滅亡してからです。

395年、栄華を極めたローマ帝国が東西に分裂し、イタリア半島を中心に成立したのが西ローマ帝国です。しかし、フン族の侵入とゲルマン民族の大移動という混乱のなかで衰退し、476年に滅亡。ヨーロッパは混沌の時代へ突入します。

中世ヨーロッパとは？

争いの絶えない苦難の時代に、新たな価値観の種がまかれました。

4世紀後半、フン族の侵入とゲルマン民族の大移動が玉突き的に起こるなか、ローマ帝国が築き上げ、長い間維持してきた秩序が崩壊し、ヨーロッパは、混沌とした暗黒時代に突入します。
ときは5世紀、ヨーロッパでは「中世」と呼ばれる時代が始まったのです。

Q1 中世ヨーロッパって、ひと言でいうとどんな世界だったの？

A 「力がすべての世界」でした。

西ローマ帝国の滅亡後、各地の権力者（王や諸侯）は、自力での領地防衛を迫られます。そんななか、より力の強い権力者にいったん土地を譲り、下賜される形で主従関係を築いて保護してもらう「封建制度」が始まったとされています。いくつもの国が生まれては滅び、戦いの絶えなかった中世は、「暗黒時代」とも呼ばれました。

初代西ローマ皇帝ホノリウスは「暗愚な皇帝」と呼ばれ、帝国衰退の元凶とも言われます。ペットのニワトリにローマと名づけ、ローマ陥落の知らせを聞いた際には、ペットの死と勘違いして声を上げたという逸話が伝わります。ジョン・ウィリアム・ウォーターハウス『皇帝ホノリウスのお気に入り』（南オーストラリア美術館所蔵／アデレード）

Q2 中世ヨーロッパの人々に、影響力があった信仰は何？

A キリスト教です。

ローマ帝国によって392年に国教化されたキリスト教は、それまでヨーロッパ各地に土着していた信仰を禁止し、人々にキリスト教の教義に基づく生活習慣を強制しました。中世もそうした習慣が受け継がれ、善悪の判断のほか、時間や風俗、学問など、生活のあらゆるものが、キリスト教の倫理観に根ざしたものになりました。

中世以来、多くの信徒たちが祈りを捧げてきたランス大聖堂の身廊。(ランス／フランス)

Q3 当時のヨーロッパも、世界の先進地域だったの？

A むしろ、さまざまな侵略におびえる後進地域でした。

東方からやってきた騎馬民族のフン族の侵入が起こると、それに押されるようにしてゲルマン民族がローマ領内になだれ込み、ローマ帝国が崩壊します。ゲルマン民族の国家が乱立するなかで、10世紀には北方からノルマン人の建国運動が広がるなど、混乱の時代が続きます。そうしたなかで、ローマ時代の高度な科学技術や文明は、踏襲どころか失われ、ギリシア・ローマ文化を略奪したイスラーム勢力の後塵を拝することになりました。

Q4 ヨーロッパの中世が終わるのはいつ？

A 1453年とされています。

おもにフランスの王位継承を巡って争われた百年戦争が終結し、東ローマ帝国(ビザンツ帝国)が滅んだ年までとされています。この頃を境にして、諸侯・騎士階級の没落と都市商人たちの台頭によって封建社会が崩壊します。一方で黒死病(ペスト)の流行とビザンツ帝国の滅亡を防げなかった教会への信頼が失われ、新しい時代が幕を開けることとなります。

オスマン帝国によって作り変えられたイスタンブール(旧・コンスタンティノープル)の街並み。1453年にオスマン帝国によって陥落し、1000年以上続いた東ローマ帝国が滅亡しました。

エルツ城
（トリーア／ドイツ）

12世紀初頭に建設され、その後も増改築が続いたエルツ城。陥落したことのない城としても有名で、中世の姿をとどめています。

Q 中世の雰囲気が残る
城や街って、いまでもある？

シエナの街並み
(シエナ／イタリア)

イタリア中部にあるシエナは、13世紀に栄華を極めた都市国家で、旧市街の街並みが世界遺産に登録されています。
(写真：AWL Images／アフロ)

A ドイツのエルツ城やシエナの街並みなど枚挙にいとまがありません。

ヨーロッパに中世の街並みが数多く残っているのは、厳しい景観保護法が敷かれていて、古い街並みを後世に残す考えた方が根付いているからです。聖堂周辺などにある税免除の地域を中心に発達した司教座都市（ケルンなど）や、商人などの富裕市民が自治権を求めた自治都市（ミラノなど）が発達しました。

中世の風景

高くそびえる城壁の外側は、
深い森と荒涼とした荒地でした。

中世の風景と言えば、荒涼と広がる大地に、高くそびえる城壁。
城壁は、街の営みを守るために必要な防衛の要でした。
ときが流れ、いまでも中世ヨーロッパの面影を残す街の佇まいは、
現代人である私たちを魅了してやみません。

Q 日本でもよく知られている、中世ヨーロッパの街ってある?

A ドイツのネルトリンゲンは、『進撃の巨人』の舞台のモデルとして有名です。

直径1kmの城壁に丸く囲まれたネルトリンゲンは、人気マンガ『進撃の巨人』に登場する城塞都市のモデルになったことで知られます。また、アドリア海に面したクロアチアの小さな港町ドゥブロブニクは、『魔女の宅急便』の舞台のモデルになったことでも知られています。

「アドリア海の真珠」と呼ばれるドゥブロブニクは、高さ25mもの強固な城壁に守られ、海洋交易によって都市国家として繁栄しました。

ネルトリンゲンは、約1500万年前に隕石が落ちた窪地を利用して、築かれたとされています。

14

Q2 当時のヨーロッパの共通語は何語だったの?

A ラテン語です。

中世ヨーロッパでは古代ローマ市民の言語であるラテン語が共通語で、キリスト教の聖職者や知識人が用いていました。ラテン語はフランク王国のカール大帝の時代に復興し、小文字のアルファベットも作成されました。そうしたラテン語が方言と入り交じって俗語化した言語が、フランス語、イタリア語、スペイン語とされています。現在の世界共通語である英語は、まだブリテン島の庶民が使っていた方言に過ぎませんでした。

ラテン語で書かれた15世紀初頭の聖書。

Q3 街の外は、どんな風景だったの?

A 荒地が広がっていました。

もともとヨーロッパはブナやナラの広葉樹林が広がって湿地などが点在し、大半が耕作には向かないやせた土地でした。11世紀後半から13世紀前半までは「大開墾時代」とも言われ、金属製の農具の発達や修道士の積極的な奨励により、開墾が進みました。

廃墟となったキルカーン城。周囲は湿地と草原に囲まれています。

『ベリー公のいとも豪華なる時祷書』(1月)
ランブール兄弟

百年戦争期のフランス国王シャルル5世の弟、ベリー公ジャンの命で制作された時祷書の挿絵。王侯の宴会風景と騎士たちの姿が描かれています。絵画上部にあるのは農事暦です。(コンデ美術館所蔵／シャンティイ)

『ベリー公のいとも豪華なる時祷書』(5月)
ランブール兄弟

春に行われた狩猟の風景。ドレスをまとった女性たちも馬に乗っています。当時の女性はアクティブで、馬に乗れた人も多く、横乗り用の鞍もありました。

『ベリー公のいとも豪華なる時祷書』(9月)
ランブール兄弟

ブドウの収穫を行う農民たちが描かれています。背景にそびえるのはソミュール城で、ノルマン人の略奪に対する強固な要塞として建設され、2000年には世界遺産に登録されました。

Q 中世ヨーロッパには、どんな身分があったの?

A 「戦う者」「祈る者」「耕す者」の3つです。

「戦う者」は王侯(国王・諸侯)と騎士、「祈る者」は教皇・司祭・修道士などの聖職者、「耕す者」は農民です。社会は、これら「三身分の調和」によって成り立つとされていました。

中世の人々

中世の人々は俗界と聖界に、ふたつの顔を持ち合わせました。

支配する者とされる者の関係は、いつの時代にも存在します。
三身分の調和が理想とされたはずの中世において、それは強固で複雑。
「戦う者」と「耕す者」が支配と被支配の関係にある世俗の世界に対し、
信仰の世界、すなわち聖界にも異なる階級のピラミッドがありました。

Q「三身分の調和」って、どういう意味？

A 3つの身分が互いに助け合うことです。

当時のヨーロッパの人口の9割を占めるのが農民、つまり「耕す者」でした。彼らがいなければ、人々は食べていくことができません。そこで、「戦う者」が外敵を撃退して「耕す者」を守りつつ、支配します。一方、「祈る者」は、神に祈って魂の救済を行います。これが社会の理想の姿と考えられていました。

中世の階級を示すフレスコ画。中央の最も高い位置に教皇、その右に皇帝が配され、教皇の左に高位の聖職者、皇帝の右に封建領主が立っています。領主の下に市民・農民といった被支配階級が描かれ、左下に修道士がひざまずいています。中央の羊はキリスト教社会を表すとされます。(提供：akg-images／アフロ)

② 王様より偉い人って、いたの？

A 「皇帝」と「教皇」です。

王を君主とする国には、「国王」以下、大領主である大小の「諸侯・城主」、そして「騎士」と続き、底辺に農民・商人・職人からなる「庶民」がいました。国王には最高権力者のイメージがありますが、その上に、王の中の王とでも言うべき「皇帝（P.20）」の存在がありました。これが俗界のピラミッドで、もうひとつ聖界、すなわちキリスト教会のピラミッドが存在しました。「教皇」を頂点とし、司教・修道院長、司祭・修道士、信徒と続くもので、神のもとでは皇帝も庶民と変わらない存在となり、俗界の人々はみな等しく信徒となりました。

ふたつのピラミッド

聖界：教皇 / 司教・修道院長 / 司祭・修道士 / 信徒

俗界：皇帝・国王 / 諸侯（大領主）/ 城主（中小領主）/ 騎士 / 農民・商人・職人

俗界の身分は聖界において、等しく信徒に入ってしまう。

---

③ 暮らしの節目に、どんな行事があったの？

A キリスト教の行事が、生涯を通じてありました。

キリスト教では、人間のルーツは楽園を追放されたアダムとエバの子孫とされていました。アダムとエバが神の言いつけを守らなかったことにより生まれながらにして罪を背負っているとされ、神の許しを乞い（贖罪）、天国に導いてもらうための儀式が一生を通してあります。たとえば、生後3日以内に行われる洗礼の儀式や、臨終を迎える人に死後の平安のため体に香油を塗る（終油）などがそうです。

ルネサンス期の画家ピーテル・ブリューゲルが描いた『農民の踊り』は、楽しそうな祭りの風景を描いた作品ですが、大食など、キリスト教の道徳的な風刺や戒めが込められています。（美術史美術館所蔵／ウィーン）

Q 皇帝と教皇、
　どっちが偉かったの？

カノッサ城
（カノッサ／イタリア）

教皇の権威に神聖ローマ皇帝が屈した「カノッサの屈辱」の舞台となったのが、カノッサ城です。聖職叙任権を巡る権力闘争において、破門に屈した皇帝ハインリヒ4世は、雪の降るなかを、城門の前に3日間にわたって立ち尽くし、教皇に破門の解除と許しを求めました。

A どっちが偉いか、張り合い続けていました。

中世ヨーロッパにおける「皇帝」は、当初は「教皇」と利害が一致して協力関係にありましたが、ヨーロッパ社会での支配権を巡って次第に対立。ドイツ国内での聖職者の叙任権を巡り衝突し、以降、両者は権力の優位を巡り、中世を通して角逐を繰り返すこととなります。

皇帝

「戦う者」の頂点が上なのか、
「祈る者」の頂点が上なのか。

「力がすべて」の考えが支配する中世ヨーロッパで、頂点に立つ皇帝。
しかし、その威光は、唯一無二のものではありませんでした。
「祈る者」の頂点に立つ教皇との権力争いは、
中世が終わるまで続いていくことになります。

 ヨーロッパの皇帝って、どんな立場なの？

A ローマ皇帝の後継者です。

ローマ帝国の東西分裂後、東ローマ帝国では1453年まで皇帝の位が継承されました。一方、西ローマ帝国の滅亡（476年）後、その旧領では皇帝不在の状態が続きましたが、800年にフランク王国のカール1世が、フランク王国の分裂後は、962年に東フランク王のオットー1世が、それぞれローマ教皇から西ローマの皇帝冠を受けました。カール大帝がアヴァール人、オットー大帝がマジャール人と東方から現れた異民族を撃退し、欧州の混乱を制したことが功績となり、中世ヨーロッパ世界において、皇帝が西ヨーロッパのカトリック世界の庇護者と位置付けられたのです。オットー1世の戴冠によって事実上成立したのが、神聖ローマ帝国です。

フリードリヒ・カウルバッハ『シャルルマーニュの戴冠式』。800年に行われたカール大帝の西ローマ皇帝への戴冠式の様子を描いた作品です。（マクシミリアネウム所蔵／ミュンヘン）

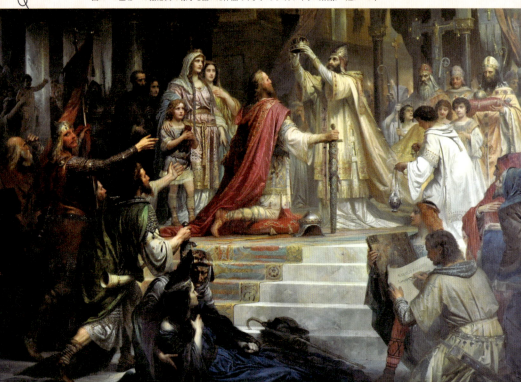

ローマ=カトリック教会の首位の座を争ったコンスタンティノープル教会。その長は「総主教」と呼ばれ、ハギア・ソフィア大聖堂に総主教座が置かれていました。

② ローマ教皇は、なぜ有力な王をローマ皇帝にしようとしたの？

A 庇護者を作ってコンスタンティノープル教会と対等な立場になりたかったからです。

カールの戴冠が行われたのは、当時隆盛を誇ったビザンツ皇帝の支配下にあるコンスタンティノープル教会と対立したローマ教会が、ビザンツ皇帝に対抗できる強力な保護者を必要としたからでした。そこで、西欧の統合を進めたフランク王国と手を結んだのです。

③ なぜ皇帝は、教皇と張り合う必要があったの？

A 身分制が俗界と聖界のふたつあったからです。

「戦う者」「祈る者」「耕す者」の3身分で構成する俗界のピラミッドに対し、聖界にもピラミッドがあり、神のもとでは、皇帝も庶民と変わらない存在となるからです。教会のピラミッドの頂点に立つのが神の代理人である教皇なので、教会側からすると皇帝より教皇の威光が強いと考えました。

教皇の側近であるトスカナ女伯マティルデ（右）とクリュニー修道院長（左）に、教皇へのとりなしを頼む皇帝ハインリヒ4世。叙任権闘争を発端とするカノッサの屈辱を描いた有名な絵画です。

④ 皇帝は、どうやって選ばれたの？

A 当初は世襲でしたが、選挙制に変わりました。

カールの戴冠以降、カロリング家による世襲が続き、また、オットー1世の戴冠後も同様でしたが、1356年以降、神聖ローマ皇帝の位はドイツの有力諸侯がドイツ王を選ぶ形で選出される制度が定まりました。

Q
諸侯って、
どんな人たち？

ホーエンツォレルン城
(ヘヒンゲン／ドイツ)

ドイツの諸侯、ツォレルン家の居城だった城です。中世の城は封建社会の伝統的なシンボルです。

A
国の君主から領地の支配を認められた人々です。

いわゆる貴族階級で、爵位を与えられていることも条件となります。教会勢力や修道会、長らくその地方を治めていた地方官吏などが領地を任され、諸侯となるケースもありました。一方、中世における国王は、絶対的君主ではなく、諸侯の盟主的存在にすぎませんでした。

王と諸侯

主従関係は、生き残りを賭けた、ドライな契約でした。

「主従の契り」とは言っても、契約は結んだ主のみ。
ときには今日の主を倒すこともあるのが、当時の主従関係でした。
諸侯たちは、裁判や徴税などを通じて、領内の農民を支配し、
さらに上の身分や強い権力を目指していきます。

① 王の命令に諸侯は絶対服従したの？

A 利益に反すれば、平気で反抗しました。

国王と諸侯の間には、「領土を他国に侵されたら助けてあげる」という契約が介在します。しかし、中世初期の王権は弱く、諸侯は自領を自力で守らなくてはならず、必然的に国王に対する忠誠心は薄くなりました。また、国家という概念もあやふやだったため、他国の君主や諸侯と結んで自国の王に歯向かうことも珍しくありませんでした。加えて大諸侯の下にも小さい諸侯や騎士がおり、大諸侯と主従契約を結んでいました。主従関係のない相手に忠誠を誓う必要はないため、主が仕える相手にも平気で背きました。

フランスのナントにあるブルターニュ公爵城は、13〜16世紀までブルターニュ公の住居で、1532年以後はフランス王家のブルターニュでの居城になりました。

② 諸侯にはどんな身分があったの？

A 最大の諸侯が「大公（たいこう）」で、以下、「侯（こう）」「伯（はく）」「子爵（ししゃく）」「男爵（だんしゃく）」と続きます。

諸侯には、君主との関係や領土の性格などに応じて身分が与えられました。「大公」「公」は王族や王家に連なる一族に、以下は一般に領地の大小に応じて与えられ、国境の軍事拠点には「辺境侯」「辺境伯」が置かれました。地位は世襲され、国王に従う一方で、小貴族の騎士との間で主従関係を結んで従属させましたが、国王と直接主従関係を結ばない小貴族に、国王の命に従う義務はありませんでした。

ハプスブルク家の家名の由来となったハビヒツブルク城。ハプスブルク家はスイスの諸侯から出発し、1438年以降、神聖ローマ皇帝位を世襲した有力な家系です。

Q3 王に従うことで、諸侯にはどんな権限が与えられたの？

A 罪を裁く権利などが認められました。

諸侯は自分の荘園では国王から課税されず、警察権を持ち、国王側の権力の立入を拒否できる特権が認められていました。一方で国王に対しては、領地の広さや収穫量に応じた軍役を負担しました。小貴族の場合は、軍役のほかに交代で主君の城に寝泊まり、一定期間の警備を担当することもありました。

イギリスにあるバッダースリー・クリントンは、13世紀に建てられた荘園領主の邸宅（マナー・ハウス）で、社交の場や裁判所としての機能も果たしていました。

カール大帝の胸像
（アーヘン大聖堂所蔵／アーヘン）

14世紀に制作された、カール大帝の頭蓋骨を内蔵すると言われる胸像と聖遺物箱。

ヨーロッパ世界を成立させた、フランク王国全盛期の王。

ゲルマン人が築いたフランク王国の最盛期の王として、
ブリテン島を除く西ヨーロッパをほぼ勢力下におさめたカール大帝。
王宮をドイツのアーヘンに置きましたが、
生涯にわたって国内を巡幸し続けました。

① カール大帝の最大の功績は？

A　ヨーロッパの基礎を築いたことです。

ヨーロッパ各地に遠征を繰り返し、西ヨーロッパの大部分を手中におさめたカール大帝は、800年にローマ教皇レオ3世から西ローマ皇帝の冠を授けられ、皇帝であると同時に、西ヨーロッパのキリスト教世界の守護者となりました。このできごとは「カールの戴冠」と呼ばれ、世界史上の画期のひとつとして知られています。

② カール大帝は、戦に明け暮れていたの？

A　文化の保護にも力を入れました。

カール大帝は征服事業の一方で、各地に学校を設け、学問を奨励して、官吏と聖職者の養成などに務めました。ローマ字の表記が修道院ごとに乱れていたので、現在の活字体の原型となった「カロリング小字体」を作りました。一連のラテン文化復興は「カロリング＝ルネサンス」とも呼ばれています。こうしたなかで、ゲルマン、ローマ、キリスト教の文化が一体化し、ヨーロッパ世界の基礎がつくられました。

アーヘン大聖堂。カール大帝の宮廷があった場所とされ、大帝の埋葬地とも言われています。

★COLUMN　国王とあだ名

中世ヨーロッパの国王の名前を見ると「獅子心王」「尊厳王」「禿頭王」など、さまざまなあだ名が付いています。あだ名を付けるようになった背景には、ゲルマン民族には姓がなかったことに加えて、代々同じ名前が付くため、個人の区別がつきにくくなってしまったからという説があります。生涯をほぼ戦場で過ごし、勇猛さで知られるリチャード1世（イングランド王）のあだ名「獅子心王」など名誉なものがある一方で、晩年には太って戦争に参加できなくなり「肥満王」と呼ばれたルイ6世など、残念なあだ名の王も多数います。

「獅子心王」のあだ名で呼ばれるイギリスのリチャード1世の肖像画。

馬上槍試合

中世の様子を再現した馬上槍試合。柵を隔てて対時する二騎が合図とともに槍を構えて突撃し、すれ違い様に相手を槍で突きます。相手を落馬させた方が勝ちとなりました。
(写真：ロイター／アフロ)

Q
騎士は、どんな戦闘訓練をしていたの？

A
修行の旅に出て、模擬戦闘で腕を磨きました。

騎士たちは諸国を遍歴しながら武芸を磨き、各地で開催される馬上槍試合（トーナメント）に参加しました。馬上槍試合では個人戦や団体戦が行われ、勝者には賞金と名誉が与えられましたが、模擬戦ながら命を落とすこともありました。

厳しい修行を経た騎士は、
ときに娯楽も楽しみ恋もします。

中世ヨーロッパの花形キャラクターと言えば、騎士でしょう。
「騎士」という戦いを生業とする身分に生まれた彼らに待っていたのは、
冒険の日々に、貴婦人とのロマンス、そして戦い。
そこにはファンタジー世界のような生活がありました。

Q1 騎士の子は、親の跡を継いで騎士になれたの？

A 厳しい修行が必要です。

7歳頃から父親と親しい騎士に小姓として仕え、武芸はもちろん、学問、忠誠、慈愛などの基礎を叩き込まれました。14歳頃に騎士見習いとして騎士に仕え、主人の武具の手入れや戦場での補佐などをしながら、経験を積んでいきました。

Q2 どうしたら騎士として認められるの？

A 騎士叙任式を経て、騎士になります。

騎士見習いから一人前の騎士として認められる叙任式は、いわば騎士の成人式のような儀式でした。有力者臨席のもと、騎士の印である馬を御する拍車など身に付けた騎士見習いが叙任者から剣の平で肩を一打ちされ、旗と盾を授かります。

エドモンド・レイトン『騎士叙任式』（個人蔵）。英語では騎士叙任式を「アコレード」と呼び、現在は「栄誉」などを意味する言葉として使われます。

③ 騎士の間にも「武士道」のような掟は存在したの？

A 「騎士道」がありました。

女性や弱い者にやさしく、勇敢であること——。いわゆる騎士道精神で、騎士の非道な振る舞いを抑えるため、キリスト教が取り入れたものです。忠義、勇気、武芸、慈愛、礼節、奉仕、公正などの価値観が尊ばれ、異端との闘いを究極の目的としていました。しかし、騎士道が適用されるのは、同じ騎士階級以上の相手に限られており、農民は対象外でした。それゆえ、戦争での略奪は騎士たちにとって当然の権利だったのです。

狩りの舞台になったであろう、ドイツのシュヴァルツヴァルト（黒い森）。9世紀頃までのヨーロッパにはこうした深い森が広がっていました。

④ 騎士たちは、どんな娯楽を楽しんでいたの？

A 森での狩りや鷹狩りです。

狩りは客人をもてなすためのスポーツ的な要素もあり、多くの家来が犬をけしかけながら鹿や猪などの獲物を追い込みます。女性が馬を操り、狩りへ同行することも珍しくありませんでした。鷹狩りも娯楽のひとつ。鷹は、上流階級の間で格式高い贈答品とされていました。

⑤ 騎士は、どんな恋愛をしていたの？

A 主君の奥方に恋をしました。

騎士は、主君の妻などに愛を捧げて戦場に赴きました。一見とんでもない不貞行為と思われがちですが、あくまでも戦闘への気持ちを高揚させるためのプラトニックな恋愛が原則でした。実際の騎士の結婚は家同士が決めるもので、結婚相手の家は財産を持っていたり、多産の女性だったりと現実的な相手が選ばれました。

エドモンド・レイトン『安全祈願』（個人蔵）。戦いに出る騎士を高貴な女性が見送ります。

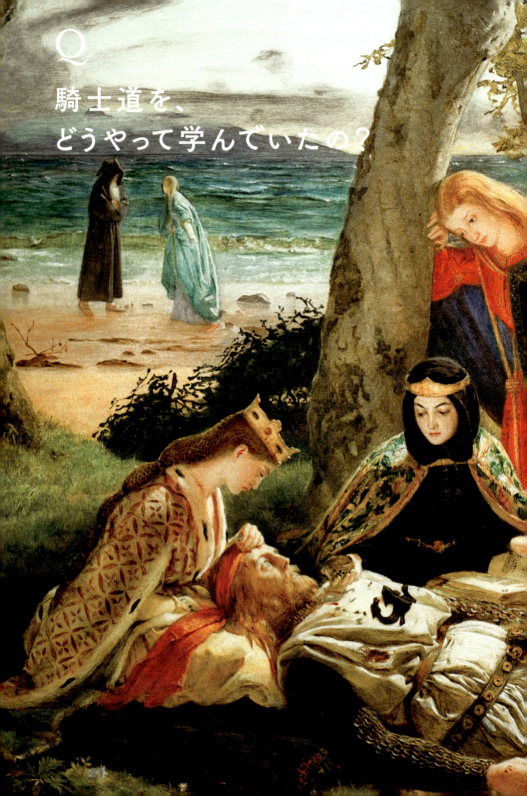

Q
騎士道を、
どうやって学んでいたの？

A 騎士道文学を模範としました。

騎士道文学とは、中世ヨーロッパで発達した騎士道を奉じる、騎士の英雄的な戦いや恋愛を題材にした口承の文学です。教会から『アーサー王物語』『ローランの歌』などの騎士道文学が推奨され、吟遊詩人によって庶民にも語り伝えられました。

『アーサー王の死(アーサー王と三人の湖の乙女)』
ジェームズ・アーチャー

アーサー王はヨーロッパにおいて九偉人(騎士道を体現する偉大な人物)のひとりとされます。甥モードレッドとの戦いで負傷したのち、伝説の島アヴァロンにて眠りについていると言われ、イギリスが危機に陥った際に再び目覚めて戻ってくるという伝説が伝わります。(個人蔵／写真:akg-images／アフロ)

騎士道文学

いまも人気の騎士道文学は、吟遊詩人が歌い継いでいました。

伝説の騎士たちが繰り広げる、痛快な冒険譚もあれば、
高貴な姫君との胸高鳴るの甘いロマンスもある——。
娯楽としても人気の騎士道文学には、
騎士の情操教育とキリスト教の教えを浸透させる思惑がありました。

『アーサー王物語』は、どんな話なの?

A ブリテン島に伝わる伝説の王の物語です。

アーサー王伝説は、ブリテン島を外敵の侵略から守った伝説の王と、王に仕えた円卓の騎士たちの物語群です。真の王にしか岩から抜くことのできない聖剣の伝説や、十字架上のキリストの血を受けたとされる盃(聖杯)を求める伝説などの物語が知られています。

『ランスロ=聖杯サイクル』の挿絵に描かれたアーサー王の円卓と円卓の騎士たち。円卓は丸いので、卓を囲む者すべてが平等であり、仲間であることを表しています。

聖ミカエル教会の立つ小高い丘グラストンベリー・トー。グラストンベリーは、アーサー王が眠るアヴァロンの地と言われます。

ローランの敵対勢力のモデルとなったイスラーム勢力の後ウマイヤ朝の王宮跡「ザフラー宮殿」は、スペインのアンダルシアで見ることができます。

Q② 現代に語り継がれる騎士道文学は他にもある?

A 『ローランの歌』などが知られています。

『ローランの歌』は、カール大帝の甥であるローランの生涯を描く英雄叙事詩です。イベリア半島のイスラーム教徒との戦いで、英雄ローランが殿軍（しんがり）の隊長となって最後まで踏み止まり、援軍を求める角笛を吹きながら戦死するまでの武勲を歌いあげます。吟遊詩人の演目として歌われ、庶民の間にも浸透しました。

Q③ 現代の私たちも楽しめる物語なの?

A 映画やマンガなどの原案として、現代も息づいています。

アーサー王の物語は、パロディ映画『モンティ・パイソン・アンド・ホーリー・グレイル』をはじめ、『トランスフォーマー』の舞台設定など、数々の物語の原案となっています。海外だけではありません。マンガ『七つの大罪』ではアーサー王が重要なキャラクターとして登場しますし、宝塚歌劇団の演目としても上演されています。

エドモンド・レイトン『最後の歌』。円卓の騎士のひとりトリスタンと、主君マルク王の妃となったイゾルデの道ならぬ恋と竜退治を描いた『トリスタンとイゾルデ』は、ワーグナーの楽劇になるなど、後世でも親しまれています。（個人蔵）

『王妃アリエノール』
フレデリック・サンズ

アリエノール・ダキテーヌは、広大なアキテーヌ公領を相続後、フランス王ルイ7世と結婚しますが、15年の結婚生活を経て離婚。すると11歳年下のアンジュー家のヘンリと再婚します。このヘンリがイギリス王ヘンリ2世となり、イギリス王リチャード1世、同ジョンの母となりました。

『マリー・ド・ブルゴーニュ』
ミヒャエル・パッハ

マリー・ド・ブルゴーニュはブルゴーニュ公国のシャルル突進公のひとり娘。しかし1477年、父がナンシーの戦いで陣没するとフランスの侵攻を受け、公国は危機に陥ります。そうしたなかで彼女はハプスブルク家のマクシミリアンと結婚。これがハプスブルク家躍進の契機となりました。

中世の女性は家事だけでなく、国の舵取りでも活躍しました。

城を彩る華やかな、諸侯の奥方や姫君たち。
その美しさや人間力で、城内を取り仕切る一方、
馬をのりこなし、狩りを楽しむ荒々しい一面もありました。
ときには兵を率いて、領地を守ることもありました。

Q 上流階級では、どんな女性がモテたの？

A 未亡人です。

中世の未亡人は、土地の所有や相続、売却などの権利を持っていたため、夫が没して莫大な財産を相続した女性には求婚者が殺到しました。

サン・ヴィターレ聖堂モザイク画
作者不詳

ビザンツ帝国ユスティニアヌス帝の皇后テオドラは、踊り子という低い身分でしたが、彼女を見初めたユスティニアヌスの熱心な求婚を受けて結婚。その後、人事から外交まで国政に大きな影響を及ぼしました。また、売春宿に売られた貧しい家の女性たちの救済にも手を尽くしました。

『ムランの聖母子』
ジャン・フーケ

本作の聖母のモデルとされるのが、フランス王シャルル7世の王妃……ではなく愛人のアニェス・ソレル。フランスには王の愛人を公式な役職とする「公式の寵妃」制度がありました。愛人となった女性は豪華な生活を謳歌する一方、失政の責任を負わされるスケープゴートともなりました。

Q2 上流階級の姫君は、甘やかされて育ったの？

A 厳しい行儀見習いに出されました。

諸侯の子女は、懇意にしている諸侯や修道院などに行儀見習いに出されました。ここで家事全般はもちろん、当時の公用語だったラテン語、詩や刺繍をはじめとする芸術分野など幅広く習得しました。結婚後の貴婦人は、召使いに指示を出して家事を取り仕切りましたが、夫である領主の補佐や客人の接待など、内政のみならず外交的な役割も担いました。夫が不在、または無能な場合には、自ら兵を率いて敵と戦う奥方もいました。一方、結婚相手が見つからない場合、生涯を修道女として暮らすこともありました。

15世紀に作られたとされる6連作のタペストリー『貴婦人と一角獣』は、当時の上流階級の女性の姿を現代に伝える貴重な美術品です。（クリュニー中世美術館所蔵／パリ）

COLUMN 1 中世の1年

祝祭日が基準になった年間スケジュール 次第に季節ごとの農作業と結びつく

中世の人々の1年のサイクルは、8月の「聖ペトロの日」など教会が定めた祝祭日を基準としていました。1年のスタートは、キリストが生まれた降臨節(クリスマス)で、キリストが約40日間の断食を行ったことに由来する「四旬節」を経て、キリストが磔にされ3日目に復活したことを祝う「復活祭」が行われました。祝祭日は次第に「収穫祭」など、農耕の祭りを伴う日へと変化していきます。そんな中世の1年を知る上で貴重な資料となっているのが装飾本『ベリー公のいとも豪華なる時祷書』で、祝祭日の暦や定時に行われる祈祷文、聖歌が収められるほか、中世の行事や庶民の生活が月ごとに描かれています。

12月

たくさんの猟犬を使ったイノシシ狩りが描かれています。奥の赤い服の男性は興奮した犬を引き離そうとし、角笛を吹く男性は、獲物を仕留めたことを知らせています。

1月

この装飾本を作らせたフランス王の弟ベリー公ジャンの新年会が描かれています。背景にはトロイ戦争を描いたつづれ織り(タペストリー)が飾られています。

2月

農民の冬の暮らしを描いています。厳冬の中で羊は舎飼いし、人々は暖炉の周りで暖をとっています。野外には薪を切る人、街へ荷出ししている人の姿も描かれています。

4月

貴族たちが邸内の菜園で、草花を摘んだり、若い男女が指輪を交換し婚約したりするなど、春を謳歌する姿が描かれています。

3月

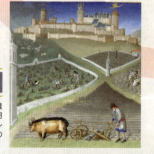

ブドウの剪定と、牛を使って畑を鋤く農民の姿が見て取れます。背景の城は月ごとに変わり、3月にはのちにエルサレム王国の支配者となるリュジニャン家の城が描かれています。

10月

馬で畑を鋤く男性と、長いエプロンのすそに種を抱え込んで、種まきする女性が描かれています。弓を引くかかしや、種をついばむカラスも描かれています。背景の城はパリのルーヴル王宮です。

9月

ブドウの収穫が描かれています。収穫したブドウは樽で熟成させワインにします。ブドウは立木で育てられているため、腰をかがめて房を収穫します。腰を伸ばす女性の農民も描かれています。

11月

家畜の豚を森に追い込んで、ドングリ食べさせています。森の中にいる人は、木を叩いてドングリを落とす役割です。豚の塩漬けは、冬を越すための貴重な食料になりました。

8月

小姓が猟犬をつれて先導する鷹狩りを描いています。騎上には女性もいます。奥では農夫たちが川で水遊びをしています。

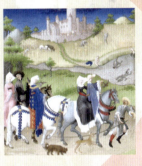

7月

麦の収穫と羊の毛刈りが行われています。農民にとって1年でいちばん忙しい時期になります。麦は穂と株を分けて収穫しました。背景は百年戦争の激戦地ポワティエの城です。

5月

春の訪れを祝い、夏の収穫を祈願する五月祭の行進が描かれています。若者たちが木の枝を冠に仕立てて、農作物を育てるとされていた妖精に扮しています。

6月

男が柄の長い鎌で牧草を刈り、その草を女たちが熊手でかき集めています。刈り取った牧草は、羊や牛など家畜の冬場の貴重な食料になります。

41

美しい城が
たくさんあるけれど、
戦争のときだけ
使われていたの？

A
普段から実際に生活していました。

もちろん戦争時には防衛拠点として重要な役割を果たしていましたが、同時に生活の場としても機能し、領主とその家族が住んでいました。

スピシュスキー城
(スピシュスケー・ポドフラジエ／スロヴァキア)

12世紀に建てられた城で、スロヴァキアの世界遺産のなかでも代表的な建物です。中欧でも最大級の規模を誇るこの城は、聖堂などが備わったロマネスク様式で建てられたのち、13世紀のゴシック、16世紀のルネサンスと、時代時代の建築様式を導入しながら拡張されました。

城の生活

建築技術の発達とともに、中世の城も進化しました。

初期は木造だった城も徐々に進化して、
やがて石造りのものが建てられるようになりました。
外敵からの防衛の拠点であり、普段の生活の舞台だった城は、
その美しい姿を現代に留め人々を魅了しています。

① 中世の城の始まりは？

A ヴァイキングがもたらしたとされる砦です。

中世ヨーロッパの城は、北欧に住んでいたヴァイキングがもたらした木造の「モット・アンド・ベイリー」という形式の砦が起源です。領主の館ともなる主塔（ドンジョン、英語では「キープ」）を配した小さな丘（モット）と、その下の兵舎などがある平地（ベイリー）に分かれ、橋で連結された両者を、柵と環濠が囲み、防御を固めていました。

モット・アンド・ベイリーの形式の名残をよく伝えるローンセストン城。（イギリス）

② 中世のお城には、どんな建物があったの？

A 主塔を配した二重の城壁が囲んでいました。

10世紀頃から主塔が石造りに変わり、次第に巨大化しつつ、居館としての様相を整えていきました。また、主塔とは別に家臣たちが暮らす居館のほか、厩（うまや）、礼拝堂、鍛冶屋などが置かれるようになります。城壁も石造りに変化し、なかには内壁と外壁のある二重構造の城壁を持つ城も建築されました。

主塔を城壁が囲む中心部と、さらにその外側を囲む二重の城壁を持つスペインのロアーレ城。

城は、具体的にどう進化していったの?

A 四角から丸く進化しました。

石造りとなった主塔は、当初、厚さ3m以上の防壁で守られた方形でした。しかし構造的に四隅の部分が坑道を掘られると脆く、また戦時に死角が生まれやすいことから、主塔を円形あるいは多角形とする円形主塔方式が登場。連動して城壁に配された塔も円柱状になっていきました。

中世の城の変遷

シェル・キープ(カーディフ城)
モット・アンド・ベイリーのモットが、石造りの主塔に変化。内部の空間には中庭や居住スペースが設けられていました。写真はカーディフ城にあるシェル・キープの塔跡。建設当初は木造でしたが、1130年代に石造りのものに建て替えられました。

レクタンギュラー・キープ(ドーヴァー城)
石造りの技術が発達して、多くの角が直角の安定した矩形型で建てられるようになっていきました。ただ、防御の際に死角ができる欠点もありました。ドーヴァー城は、ドーヴァー海峡を見下ろす丘に11世紀に建てられました。

エドワード様式(コンウィ城)
複数の円形の塔を繋いだエドワード様式の城は、定点に城兵を配置・移動することができ、死角が少ないのが特徴。軍事要塞としてイングランド王エドワード1世が建築したもので、コンウィ城もそうした城のひとつです。

★COLUMN★ 水回りの苦労

城を建設する際、城主を悩ませたのが飲み水の確保でした。城主は築城の費用と同等の大金を使っても、井戸を掘り、なかには深さ70mも掘られた例があるほどです。また、汚水を流すトイレについても苦心し、城壁に突き出たスペースを設けてトイレにして、外に垂れ流していました。

ノルマンディーのレザンドリにあるガイヤール城は、1196年、当時イングランド領だったノルマンディーの防衛のために、イギリス王リチャード1世が建設した難攻不落の城でした。1203年にフランス王フィリップ2世の攻撃を受けるも、たびたび攻撃を撃退しその力を見せつけましたが、唯一の盲点であったトイレの穴から敵兵に侵入されて陥落したという伝説が伝わります。

ブレッド城
(ブレッド／スロヴェニア)

ブレッド湖の湖畔の丘にそびえる、11世紀初頭築城の「ブレッド城」。
(写真：AWL Images／アフロ)

Q 城には、どんな人が暮らしていたの？

コーフ城
（コーフ・カッスル／イギリス）

イギリス王室の開祖であるウィリアム1世によって建設された要塞「コーフ城」。
（写真：AWL Images／アフロ）

A 領主を中心に、
その生活を支える人々です。

財産を管理する家令、城の防衛を担当する城代、ミサを行う司祭がいて、その下に兵士のほか、職人、侍女、馬丁、料理人など、雑用を行う人々が城主とともに暮らしていました。

城の生活

城に新しい風をもたらすのは、遠方からの客人たちでした。

寝食をともにする城内での家来たちとの生活は、
じつはあまり快適なものではありませんでした。
外の世界とは隔絶された城のなかでは、
新しい風を吹き込んでくれる客人たちが、この上ない娯楽でした。

① 城での生活には、どんな娯楽があったの？

A 狩り、闘鶏、チェスなどを楽しんでいました。

野外での娯楽として、食料調達も兼ねた狩猟を楽しみました。城内では、客人が来訪すると祝宴が開かれ、詩や歌が騎士によって披露されました。チェスやすごろくも娯楽として楽しまれましたが、カードゲームの発達は15世紀からで、中世にはまだありませんでした。

宴に招かれた吟遊詩人や大道芸人は、貴重な外部の情報源としてもてなされました。各地を放浪する吟遊詩人は12世紀に十字軍運動が高まるなかで各地の領主から、戦局や状況などの〝説明者〟として重宝されました。

② 城は快適な住環境だったの？

A 最悪でした。

防御のために山の上に建てられた城も多く、暖房施設のほとんどない石造りの塔は、真冬になると冷たい風が吹き抜けました。防御の関係上、大きな窓が開けられず、昼でも暗く、また、城主の家族以外にも多くの家臣が住み込んでいたので、窮屈な居住空間でした。

カステル・デル・モンテ城内の窓。採光は小さく開いた窓に限られて薄暗く、冬場の暖房は暖炉のみでした。

③ 城の大広間には、何か敷かれていたの？

A イグサで覆われていました。

ゲームの世界などでは赤い絨毯が敷かれている印象がありますが、中世初期ではバジルやカモミールなどの臭い消しの香草を混ぜたイグサが敷き詰められていました。絨毯はまだ貴重品で、椅子に掛ける程度でした。大広間のテーブルは折り畳み式で、食事以外のときには撤去していました。

④ 城の生活を快適にする工夫はしていたの？

A 建物の外で過ごしました。

城内の照明も手元を照らすろうそく程度なので、城主は暗い城内を彫刻や、絨毯やタペストリーで飾り、陰鬱な雰囲気を払おうとしました。また、夏は住環境が最悪な城を出て、風通しの良い中庭で多くの時間を過ごしました。さらには城自体を出て居住用の館を別に作る領主もいました。これが近世になって城館に発展していきます。

陽光が降り注ぐハーレフ城の中庭。城の中庭は城内の人々にとって憩いの場であり、夏場は生活の場でもありました。

14世紀の攻城戦

14世紀、百年戦争期の攻城戦の様子。石弓や青銅の大砲などの攻城兵器が見えます。（国立図書館所蔵／パリ／写真：AWL Images／アフロ）

Q
城は、
どうやって
攻めたの？

A
投石機や櫓(やぐら)を
使いました。

15世紀に大砲などの火器が登場しますが、それ以前の中世の攻城兵器はローマ時代のものとあまり変わりがありませんでした。主要な攻城兵器は投石機で、てこの原理を利用して城内に巨岩を飛ばしました。ほかには、城壁の高さのある櫓(ベルフリー)で城壁上の敵を攻撃し、破城槌で城門を破壊しました。

51

戦場

中世の城の城壁は、攻城戦の主戦場でした。

城壁の内外で繰り広げられる熾烈な戦い——。
その戦法は、ローマ時代とさほど変わらない兵器を使ったものでした。
落城することは領地を受け渡すことに等しく、
当時の戦では、野戦よりも攻城戦の勝敗が当事者の明暗を分けました。

① 城を守る側は、どう守っていたの？

A　弓矢や石を落として迎え撃ちました。

攻城側よりも高い位置から弓矢や石を使って攻撃できるので、籠城側は有利でした。籠城側の最前線は城壁の通路で、敵兵が渡すはしごを押し返したり、相手の攻城兵器を燃やしたりしながら防御し、城壁が破壊された場合は、土塁を積み、柵を設けて対抗しました。

オスマン帝国によって、ビザンツ帝国の首都コンスタンティノープルが陥落した攻城戦の再現図です。火砲が用いられるようになった中世末期の攻城戦の様子です。（軍事博物館／イスタンブール）

② 城兵がもっとも嫌った戦術はどんな戦術？

A　城外から掘るトンネル戦術です。

城壁の離れた場所から城壁の下を通る坑道を掘り、城内へ侵入する戦術です。防衛の拠点となる塔を下から崩すこともできました。これに対して城側は、水の張った大鍋を並べて振動から地下の様子を監視するなどしました。また、城内から対抗するトンネルを掘って攻城側の坑道を破壊したり、発見した坑道に水を流したり、煙で燻したりして、撃退しました。

フランスのカステルノー城の城壁上に復元された中世の投石機「トレビュシェット」。投石機は城側と攻城側の双方に用いられました。

Q3 ヨーロッパの城と日本の城の大きな違いは何？

A 城のなかに敵を誘導するかしないかの違いです。

日本の城は、城のなかへ敵を誘導しながら、反撃しては撤退し、敵の兵力を少しずつ削っていく防衛構想になっています。対して中世ヨーロッパの城は、絶対に敵兵を城内に入れないことが根底にあり、籠城側は城壁の破壊や城内への侵入に神経を尖らせました。

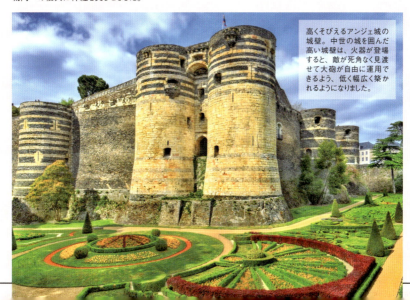

高くそびえるアンジェ城の城壁。中世の城を囲んだ高い城壁は、火器が登場すると、敵が死角なく見渡せて大砲が自由に運用できるよう、低く幅広く築かれるようになりました。

Q 聖剣って、実在するの？

ティソーナ

中世スペインの叙事詩『わがシッドの歌』に登場する、レコンキスタの英雄エル・シッドが所有していたとされる伝説の剣。スペインのブルゴス博物館で展示されています。

ジョワユーズ

カール大帝の剣として伝わるジョワユーズはフランス王家に伝えられ、ルイ14世の肖像画にも描かれました。現在はルーヴル美術館に展示されています。

A 実在します。

聖剣ジョワユーズは、11世紀末頃に成立したとされるフランス文学最古の叙事詩『ローランの歌』にも登場するカール大帝（シャルルマーニュ）が所持したとされています。フランスでは王権を象徴する剣とされ、ナポレオンの戴冠式で用いられたものが現存します。ジョワユーズはフランス語で「陽気な」という意味です。

戦場と武器

騎士による騎馬突撃が、
やがて過去の戦術になりました。

槍を突き立て突進する者、矢を射る者……。
肉弾で闘う戦場では、武器は欠かすことのできない大切な相棒です。
己の力量だけで乱世をくぐり抜けるために、
実戦のなかで進化した戦術と武器がありました。

Q 中世ヨーロッパでは、どんな武器が使われていたの？

A 実用的な武器のひとつに、騎槍（ランス）があります。

ランスは先端に尖った金属の穂先を取り付けた2m以上mある細長い円錐状の槍で、騎士はこれを脇に抱え込むように構えて突進しました。ランスを構えた騎兵による突撃は、敵の隊列を崩壊させる突破力がありました。

ルネサンス期の画家パオロ・ウッチェロが描いた『サンロマーノの戦い』。騎士が長大なランスを携えています。
（ナショナル・ギャラリー／ロンドン）

② 騎兵部隊は、どうやって運用されていたの？

A 集団での突撃がセオリーでした。

火器が登場する近世までは、騎士の主たる戦術は騎馬突撃でした。弓兵などが敵をけん制し、歩兵同士の戦闘で火蓋を切り、騎兵の突撃を繰り返して雌雄を決しました。騎馬での突撃が可能になった背景には、安定して踏ん張って乗りこなせる鐙（あぶみ）などの馬具の改良がありました。

1066年のノルマンディー公ギヨーム（英国初代ウィリアム1世）のイングランド征服を描いた刺繍画（バイユーのタペストリー）にも騎士たちの活躍が描かれています。（バイユー・タペストリー美術館所蔵／バイユー）

③ 騎馬突撃にはどうやって対抗したの？

A 歩兵のパイク（長槍）と長弓（ロングボウ）で、対抗しました。

パイクは4m以上の長い柄に木の葉状の刃を付けた対騎兵用の武器です。パイクを持った歩兵が密集した隊列を組むことによって騎兵に対抗しました。歯の部分が斧とかぎ爪になっているハルバードも、殴ったり、騎上から引き下したりするのに使われました。長弓は、長さ120〜180cmほどもある弓で、扱うのには訓練が必要でしたが、一斉射撃の戦術は騎馬突撃に対して大きな効果を発揮しました。

百年戦争のクレシーの戦いではヘンリ5世の率いるイングランド軍が長弓隊を駆使して、数に勝るフランス諸侯軍（2万名）の重装騎兵を破りました。（国立図書館所蔵／パリ）

★COLUMN★ **教会による停戦「神の平和」**

「神の平和」は、戦争の絶えない中世において、中世の教会が持っていた平和実現の仕組みで、10世紀末から見られるようになりました。司教が中心となって教会会議を開き、農民や商人などを戦闘から保護するように領主に宣誓を求め、拒否した領主には破門などの制裁が加えられました。この運動の広がりで、西ヨーロッパでは教会の権威が高まっていきました。

Q 重い甲冑を着た騎士は身軽に動けたの？

中世後期になると騎士の防御力が高くなり馬が狙われるようになったので、馬鎧が使われるようになりました。（メトロポリタン美術館所蔵／ニューヨーク）

A やがて重くなりすぎて動けなくなってしまいました。

百年戦争の頃には、戦場で馬から落ちたら捕虜になるしかないと言われていました。

西洋甲冑

騎士のシンボルは、
実戦ではかなり不自由でした。

甲冑や兜に身を包み、戦場を駆ける騎士たち──。
中世騎士たちのシンボルとも言える甲冑や兜ですが、
実戦で使うとなると不自由な代物だったようです。
戦術の変化や加工技術の発展などによって、形状も変化していきました。

Q 騎士の甲冑はどのように発展していったの？

A 鉄板で覆う箇所をどんどん増やしていきました。

中世初期の鎧は軽装で、金属の輪を繋ぎ合わせたチェーンメイルを身に付けていました。後に金属加工技術が向上してくると、チェーンメイルの胴部や腕部を板金で補強したプレートメイルが登場し、その後、板金を蝶番などで接合し、全身を板金で覆ったプレートアーマーが登場しました。

西洋甲冑の発展

チェーンメイル（ローマ時代に登場）
原型は紀元前から使用され、鎖帷子に進化したのはローマ時代。中世初期にはゲルマン人の間に広がり、兜と繋がっていて、ひざまでを覆う丈の長いホーバークも使われました。

プレートメイル（13世紀頃に登場）
チェーンメイルを金属板で強化し、打撃からの防御力を高めました。

プレートアーマー（15世紀に定着）
15世紀に入ると板金のパーツが全身を覆う鎧が登場し、消耗の激しい関節部分には補強のパーツも取り付けられました。

Q2 中世の兜は、どんなものだったの？

A 暗くて視界が狭いものでした。

視界が悪い上に戦場では激しい動きが続くため、閉所恐怖症になる人もいたと言われます。通気性も悪いので、二酸化炭素が兜に充満して、戦闘中に酸欠を起こす者もいました。

制作技術が進むにつれ、口ばしのように尖った頬の部分に空気穴の付いたバシネット（左）や視界を調節できるアーメット（右）など、改良が重ねられ、通気性と可動性が向上していきました。

Q3 盾は、どんなふうに使われたの？

A 防具としてだけでなく、振り回せる武器でもありました。

持ち運びやすい木製が主流で、金属や革で補強してありました。表面には家を表す紋章があしらわれていて、戦闘時の敵味方の識別にも使われました。

1960年代まで稼働していたドイツ・ローテンブルクの鍛冶屋。盾や甲冑などの武具は、街の専門の鍛冶屋が制作しました。鍛冶屋のなかには、商品を販売するだけでなく、鉄などの精錬をして加工職人に金属素材を卸す者もいました。

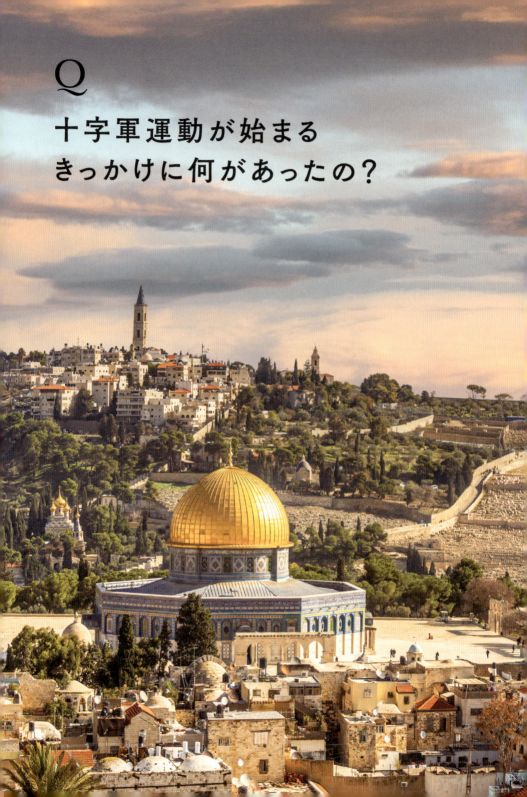

Q
十字軍運動が始まる
きっかけに何があったの？

イェルサレム

イェルサレム旧市街には、1キロ圏内に、ユダヤ教の「嘆きの壁」、キリスト教の「聖墳墓教会」、イスラーム教の「岩のドーム」の3つの宗教の聖地が同居しています。十字軍運動では、1096年の第1回から1270年の第7回までの間にイェルサレムの支配を巡って、十字軍とイスラーム勢力との争いが続きました。

A
ビザンツ皇帝からの、
ローマ教皇への援軍の要請です。

十字軍はセルジューク朝の圧迫を受けていたビザンツ帝国（東ローマ帝国）が、ローマ教皇に援軍を要請したことを発端として、聖地イェルサレム奪還を目的に結成された遠征軍です。計7回にわたり派遣され、国王や諸侯はもちろん、商人や民衆も遠征に加わりました。

十字軍運動

純粋な信仰心からか、それともただの略奪か。

聖地を奪還するために戦うキリスト教徒たち。
ある者は天国を、ある者は立身出世を求めて、十字軍に参加しました。
約200年もの月日のなかで、聖戦の内容は変容していき、
ヨーロッパとイスラームが、渾然と交じり合う世界が誕生します。

Q 十字軍に参加すると、いいことはあったの?

A 天国へ行くことが約束されました。

十字軍を提唱した教皇ウルバヌス2世は、参加者はすべての罪が許されることを宣言しました。また、十字軍が切り取ったイスラーム勢力の征服地は、領土として与えられたため、領土に野心のある諸侯や、領地を相続できなかった騎士の次男・三男が多く参加しました。その一方で、国王や大諸侯には、あまりメリットがなく参加を渋りました。

第1回十字軍を描いた絵画。第1回ではフランスや神聖ローマ帝国の諸侯を中心とする十字軍がイェルサレムを奪還し、イェルサレム王国を建国しましたが、1187年にアイユーブ朝のサラディンに奪い返されてしまいます。(個人蔵)

十字軍の最後の拠点となったアッコン。1291年、マムルーク朝によって陥落しました。

② その後の十字軍遠征で、聖地奪還は果たせたの？

A 結局、失敗に終わりました。

1187年にイェルサレムを奪われたことを受けてフランス王フィリップ2世、イギリス王リチャード1世、神聖ローマ皇帝フリードリヒ1世が、第3回の遠征を行いますが、失敗。第4回に至っては、こともあろうかビザンツ帝国の首都コンスタンティノープルを征服するという行動に出るなど、本来の目的である「聖戦」とは異なった方向に進んでしまいます。第6回はフランス国王ルイ9世がエジプトに上陸しますが、捕虜となり、7回ではルイ9世自身が疫病に感染して死亡。結局、十字軍は撤退を余儀なくされてしまいます。

アッコンの戦いを描いた作品。崩れた城壁では、赤い外衣の聖ヨハネ騎士団員、白い外衣のテンプル騎士団員などが奮闘しました。ドミニク・ルイ・パプティ『アッコンの陥落』（個人蔵）

③ 十字軍はその後の歴史にどんな影響を与えたの？

A 「12世紀ルネサンス」の一因になりました。

イスラーム世界との接触のなかで東方貿易が盛んになると、イスラーム世界から貨幣経済がもたらされてヨーロッパに浸透していきました。一方で、イスラーム世界に保存されていたペルシアやヘレニズムなどの名著がヨーロッパにもたらされたのもこの時代。特にアリストテレス哲学などのギリシア語文献がラテン語に翻訳されるなど、哲学の分野で飛躍的な発展がみられました。こうした傾向は「12世紀ルネサンス」と呼ばれ、14世紀のルネサンス運動の基礎が築かれた時代と捉えられています。

★COLUMN★ 中世最初の近代的人間

イェルサレム奪還は失敗に終わったものの、じつは第5回十字軍において、一時的にイェルサレムがキリスト教側に戻った時期がありました。この十字軍を率いたのが、神聖ローマ皇帝フリードリヒ2世です。イスラーム文化にも理解が深く、アイユーブ朝の君主アル・カーミルと書簡のやり取りをし、平和条約の合意にこぎつけます。イェルサレムでキリスト教徒とイスラーム教徒の共存が定められ、10年の期限つきで、キリスト教徒に返還されることになったのです。フリードリヒ2世は、ナポリ大学の創立や貨幣制の整備などの政策を進めた名君で、9か国語に通じ、動物学者であり文芸を保護したこともあり、「最初の近代的人間」とも評価されています。

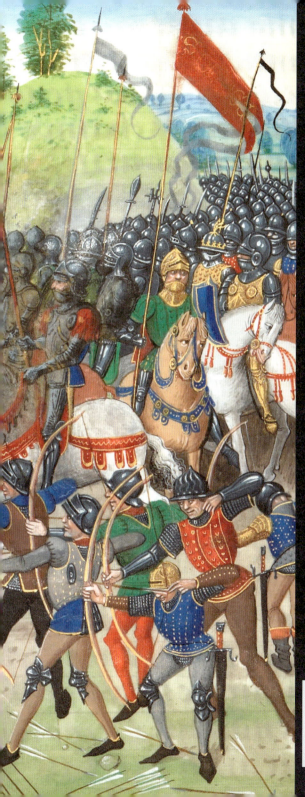

Q
百年戦争って、100年間ずっと戦っていたの?

A
何度も中断しています。

和平と衝突を繰り返しながら、フランスの領土を中心に、およそ100年間断続的に戦い続けた戦争でした。

『クレシーの戦い』
百年戦争は戦場において騎士が没落する契機となりました。クレシーの戦いやポワティエの戦いでは、イングランドの長弓兵によって騎士が壊滅し、ヨーロッパにおける戦争の画期ともなりました。(国立図書館所蔵／パリ)

百年戦争

英仏両王家の対立を軸に、戦いは混迷を極めました。

イギリスとフランスのさまざまな勢力が入り交じり、中世ヨーロッパ最大の戦役とも言われるのが百年戦争です。状況が泥沼化していくなかで疫病が流行し、混迷を極めました。戦争末期に登場したフランスの救世主の存在は、今も語り継がれています。

① 百年戦争の原因は何だったの?

A フランスの王位継承権を巡る争いです。

フランスの断絶した王朝（カペー朝）最後の王の娘と、イギリス王エドワード2世の間にできた子であるイギリス王エドワード3世が、フランスの王位継承権を主張し、カペー朝を継いで成立したヴァロワ朝と対立したことに加え、毛織物の生産が盛んなフランドル地方の支配権やフランス諸侯の領地争いが絡んで起きた戦争でした。

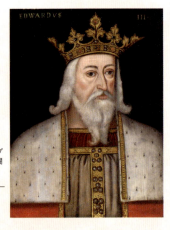

イギリス王エドワード3世。ヴァロワ朝のフランス新国王フィリップ6世の即位を一旦は認めるも取り消して、フランスに侵攻し戦闘を開始しました。（ナショナル・ポートレイト・ギャラリー／ロンドン）

② 百年戦争の序盤は、どんな情勢だったの?

A イギリスが圧倒的に優勢でした。

1346年のクレシーの戦いでは、エドワード3世の子であるエドワード黒太子率いるイギリス軍が、長弓兵の活躍によりフランスに圧勝。さらに1356年のポワティエの戦いでは、ヴァロワ朝の国王ジャン2世を捕虜にするなど、優勢に戦いを進めました。

ジャン2世がイギリスの捕虜となったポワティエの戦い。王の奪還には莫大な身代金とノルマンディーなどの領土割譲が求められました。（ルーヴル美術館／パリ）

③ Q そのままイギリスの優勢が続いたの？

A フランスの反撃が始まりました。

囚われの身のジャン２世に代わり、フランスの国政を担当したのがシャルル５世です。下級領主出身のデュ・ゲクランを軍司令官に登用し、優れた外交手腕でイギリスに奪われた領土を奪還。盗賊化していた傭兵を巧みに利用しながら農民暴動（ジャックリーの乱）も鎮圧しました。デュ・ゲクランは、壊滅状態にあった海軍も立て直し、イギリスの制海権を脅かしました。しかし、その後、フランスは再び混迷を極めることになります。

シャルル５世は税金徴収のほか、常備軍や官僚機構の土台を作って「賢明王」と呼ばれました。

④ Q フランスをまた混迷に追い込んだキーパーソンは？

A フランス王の分家、ブルゴーニュ公です。

ジャン２世の末子から始まるブルゴーニュ公は、フランス最大の大領主に成長しました。ヴァロワ朝の本家（オルレアン家）と対立し、イギリス勢力との関係を強化していきます。この結果、ブルゴーニュとオルレアン両家がフランス王を立て、王位が分裂する事態にまで発展してしまいます。

⑤ Q 百年戦争は、結局どうなったの？

A 西ヨーロッパのイギリス王領が、ほぼなくなりました。

強力なブルゴーニュ家の後ろ盾のあるイギリス軍は、オルレアンの街を包囲しますが、ジャンヌ＝ダルクの登場により形勢は逆転し、街は解放されます。それを機にフランス側の反撃が始まり、和平や戦闘を繰り返しながら、イギリスの領土はカレーを残して一掃されました。

グレートブリテン島と大陸ヨーロッパを結ぶ玄関口の街・カレー。ドーヴァー海峡が眼前に広がっています。

★COLUMN★ **バラ戦争**

バラ戦争は百年戦争後のイギリスで、百年戦争時にイギリス王位を継承したランカスター家と、バラ戦争中にイギリス王朝を担ったヨーク家の王位継承を巡る争いが原因で起きました。前者が紅バラ、後者が白バラを家紋にしていたことにちなんで、こう呼ばれています。30年にわたる争いを経て、ランカスター側についたテューダー家のヘンリがヨーク家を倒し、テューダー朝を開いてヘンリ７世として即位し、ヨーク家の令嬢エリザベスと結婚することで戦いに終止符が打たれました。ヨーク家失脚の一因になった一族内の紛争は、シェークスピアの『リチャード３世』の題材となりました。

『パヴィアの戦い』
ベルナール・ファン・オルレイ

派手な身なりのドイツ人傭兵。ランツクネヒトと呼ばれるドイツ人傭兵は、左右で色や模様の違ったパンツを履き、上着には縦に切目を入れ下地の色を見せるなど、奇抜な格好で戦いに臨みました。
(カポディモンテ美術館所蔵／ナポリ)

武勇で富も名誉も命も奪う、戦闘のスペシャリスト。

戦闘の大規模化に伴い、諸侯と騎士の主従のみでは、戦時の動員に限界が出てきました。そうした需要から、次第に賃金で雇われる傭兵が多くなっていきます。訓練されて組織化した傭兵団は戦場で活躍しますが、やがてそれは、諸刃の剣とも呼べる存在となっていきました。

 傭兵隊長の仕事を教えて！

A 雇い主との契約を交渉する
マネージャー的存在です。

雇い主である国王や諸侯との間で、戦いの場所、契約期間、傭兵への報酬、差し向ける兵力、武装などの折衝を行いました。

傭兵のなかには、主君がいるにもかかわらず傭兵稼業を営み、あわよくば強盗にも手を染める騎士も少なくありませんでした。ゲーテの戯曲のモデルにもなった「鉄腕ゲッツ」と異名をとるドイツ騎士ゲッツ・フォン・ベルリヒンゲンも、そんな傭兵隊長のひとりです。

Q2 中世の傭兵は、戦いがないときはどうしていたの？

A 村を襲撃して略奪するなど、野盗化していました。

中世中期以降、戦争に欠かせない軍事力となったのが傭兵隊長に率いられた傭兵団です。彼らは報酬と引き換えに戦いを請け負いました。しかし、傭兵は戦争がない時期は失業状態となります。そのため、契約が終わると、それまでの主の領土でも略奪を働く野盗と化しました。各国の王や諸侯は、彼らの横暴を抑えるために試行錯誤することとなります。

Q3 傭兵はいつまで存在したの？

A 国が徴兵制を取り入れるまで続きました。

中世後期以降の各国は、次第に経済力を身に着け、戦時のときだけに軍隊を編成するのではなく、常備の国軍を持つようになります。やがて17〜18世紀、絶対王政のもとで、ヨーロッパには君主の主権国家が形成され、強力な常備軍を持つようになると、傭兵団は姿を消しました。

COLUMN 2 中世飯

権力者は富を背景に豪勢なフルコース 庶民は自家の素材を中心とした食事

中世ヨーロッパの固定化した身分社会のなかでは、食卓も階級によって雲泥の差がありました。領主など富裕層の食卓では、ソーセージなどの前菜から始まり、肉や野菜の具入りのスープ、ハーブや香辛料を使って味付けされた肉類やパイ、さらにはデザートと、フルコースが供されました。一方、貧困層は、修道院や富裕層が運営する施療院で一日一食提供される雑穀粉で作られたパンやお湯で煮たお粥が、命をつなぐ食事でした。

（14世紀イギリス）
フルメンティ

もみ殻をとった小麦を牛乳で煮て、砂糖とシナモンで味付けした富裕層のお粥です。メインのイノシシや野ウサギなどの肉類と一緒に食しました。キビやコメを小麦と同じように仕立てた、お粥も出されました。

（8世紀フランク王国）
イノシシのロースト料理

※前時代からヨーロッパ全域で食される

一般的な農家では手をかけずに育つ豚肉が保存のきく塩漬けなどでよく食べられていましたが、富裕層の食卓ではイノシシやキジなどの猟獣が、裕福さや力の象徴として食事のメインとして供されました。

（13世紀イギリス）
プディング

当時のプディングは、船員が航海中に食材を使い切るための料理で、余った肉や魚、果物を卵の混ぜ物に加えて布で包み、蒸すなどして作られました。当時、砂糖は貴重で、甘味にはハチミツが使われていました。

（14世紀フランス）
チーズ入りオムレツ

チーズは冷蔵施設のない時代に、使い勝手が良く人気の高い食べ物でした。鶏卵は小作農から修道院まで多くが鶏を飼っていた当時、ポピュラーな食材で、とろみ付けなど補足的な使い方からメイン料理まで幅広く使われました。

Q
紋章には、どんな意味が込められているの?

A
家の来歴が刻まれています。

紋章は親から子へ継承される目印で、色などで長男とそれ以外を識別しました。結婚や相続でデザインが統合され、戦功でデザインが追加される一方、失態を犯せば、デザインを逆さまにされることもありました。紋章を判別する紋章官も存在しました。

『モンティエルの戦い』

紋章は戦争の乱戦のなかで、敵味方を識別する役割も担っていました。英仏百年戦争のさなか、イベリア半島に起こったカスティーリャ王国の内紛における主要な戦いを描いた本作で、画面の各所に、鎧や楯に紋章をあしらった騎士たちを見ることができます。(国立図書館所蔵／パリ)

紋章

自分の出自や歴史を物語る、騎士にとっての魂です。

家の来歴が刻まれた紋章は、
家のシンボルとして、時を経るに従って多くの意味を含むようになりました。
その識別のための専門家が登場するほど細分化し、
紋章を背負う騎士は、誇りを胸に戦場へ向かったのです。

① 紋章は、そもそもなぜ必要なの？

A 戦場での敵味方の識別のためです。

諸説ありますが、10世紀頃、騎士たちのトーナメントで競技者を見分けるために紋章が生まれたと言われています。防具を着用した乱戦では敵味方の識別が困難なので、盾に識別のための図案を描いたのが始まりとされます。十字軍遠征時には、サーコートと呼ばれるマントや馬具にも紋章があしらわれるようになりました。

② 宮殿の門扉（もんぴ）に掲げられる派手な紋章は、盾の模様とは違うの？

A 扉に掲げられているのは、「アチーブメント」と呼ばれる正式な紋章です。

バッキンガム宮殿の門扉などには、盾の周囲に兜飾・兜・マント・台座・標語が散りばめられた豪華な紋章が飾られています。楯紋以外に、国家の象徴のほか、モット（家訓や座右の銘）や勲章などの文様も入る紋章で、「アチーブメント」と呼ばれます。

イギリス王室のバッキンガム宮殿の門には、連合王国イギリスの紋章が輝きます。

[図解] ウィリアム王とキャサリン妃のアチーブメント

長男の印
ユニコーンとライオンの首、盾の上部に長男を表すデザインがあしらわれている。

右側の盾持ち
ユニコーンはスコットランドを表す意匠。

左側の盾持ち
ライオンはイギリスを表す意匠。

右側の盾
妻の紋章であるドングリがあしらわれている。

左側の盾
夫の紋章。イングランド＝3匹のライオン、スコットランド＝1匹のライオン、アイルランド＝ハーブがあしらわれている。

モット
ライオンが支える盾の周囲には、モット「神と我が権利」が書かれている。

Q3 紋章は、一族がみな同じものをつけるの？

A じつはみんなバラバラでした。

紋章の継承には一定のルールがあり、前提として騎士ひとりにつきひとつと定められています。当主が死ぬと、紋章は長男に受け継がれますが、父親存命中の長男、あるいは次男、三男と父親の紋章をベースに序列を示すデザインを加えます。また、結婚や相続で統合されたり、戦功によって新たな意匠が加えられたりすることで、紋章を見れば家の来歴がわかるものとなっていきました。

Q4 王族や貴族の紋章には、どんなモチーフが入っているの？

A 動物の毛皮がかたどられています。

オコジョやリスの毛皮などの毛皮模様は、もっぱら王族や貴族の紋章とされています。ほかにもイギリス王の金獅子のほか、「フルール・ド・リス」と呼ばれるフランスの百合、神聖ローマ帝国およびその帝位を独占したハプスブルク家の「双頭の鷲」などがあります。

アルブレヒト・アルトドルファーが描いた『マクシミリアン1世と双頭の鷲』。（アルベルティーナ所蔵／ウィーン）

77

Q
中世の農村は、
どうやって形作られたの？

A
異民族から身を守ろうとしたことが始まりです。

ヴァイキングが南下し、各地で略奪を始めたことで、バラバラに暮らしていた農民が領主に庇護を求めたのが農村形成の始まりです。中世初期は森のなかに村が孤立している状態でしたが、鉄器の普及によって11世紀後半頃から開墾が急速に進み、森が消滅していきました。

トスカナ地方の農村
広大な田園風景が広がるイタリア北部の風景。

農村

鉄器や農機具が普及して、
農村が形成されていきました。

「戦う者」や「祈る者」の華々しい野心の影には、
大地を耕す農民たち、すなわち、「耕す者」の下支えがありました。
森林と湿地が覆う大陸を鉄の農具で開墾し、
食物を供給することで都市の発展に貢献しました。

中世ヨーロッパの森を彷彿とさせるベラルーシのビャウォヴィエジャの森。ヨーロッパ最後の原生林と言われ、ヨーロッパバイソンの生息地としても知られます。

① 当時の農民は、土地を持っていたの？

A 持たない農民も数多くいました。

中世ヨーロッパの農民にはいくつか階層がありました。土地を持つ「自由農民」、土地を持たず領主の領地（荘園）を耕作して賦役・貢納の義務を負う半自由農民の「農奴」、土地とセットの付属品として扱われた「小作農」が存在しました。中世前期の荘園は領主が農奴を使役する直営形態でしたが、後期になると三圃制（さんぽせい）の普及などによる生産力の向上で、領主が農奴保有地から使用料を取る純粋荘園に移行しました。しかし、貨幣経済の発展とともに、荘園制は姿を消していきました。

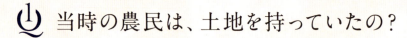

② 当時の農民は、
どんな作物を栽培していたの？

A 主食のパンになる麦が中心でした。

夏にはパンの材料になる大麦や燕麦（えんばく）、冬にはビールや家畜のえさになる小麦やライ麦を栽培しました。水車の利用が拡大して小麦粉が容易に作れるようになり、パンが主食として普及しました。ほかにも、テンサイ（サトウダイコン）、ワインの原料になるブドウも多く栽培されました。

三圃制農業について教えて！

A 3年かけてローテーションがひとまわりする農業です。

耕地を三分して、夏麦（大麦、燕麦など）、冬麦（小麦、ライ麦）、休耕地（もしくは豆類）と役割を替えて作物を育てる農法です。3年でローテーションがひと回りするなかで、小麦の栽培によって衰えた地力を、休耕や豆の栽培で回復させることができます。10～11世紀に普及し、鉄製の農具の広がりとともに農業生産力向上の原動力となりました。

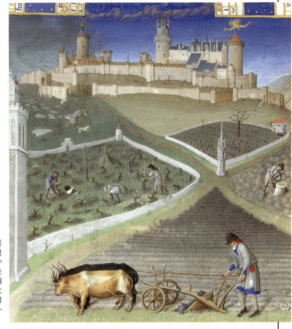

『ベリー公のいとも豪華なる時祷書』に描かれた3月の月暦画には、「重量有輪犂」で畑を耕す農民の姿が描かれています。これは鋤を重くして車輪を付け、牛に引かせるもので、11世紀頃から普及した農具です。アルプス以北の湿った重い土壌を耕すのに適し、農地拡大の大きな力になりました。（コンデ美術館所蔵／シャンティイ）

★COLUMN★ 居酒屋も村の重要な施設

娯楽が少ない農村では、例祭や結婚式、居酒屋での一杯が、特別な時間でした。居酒屋は12世紀前後、貨幣経済の普及に伴って出現しました。その成立には2通りあります。ひとつは、女性が自宅でビールを作って売ったことに始まるもの。もうひとつはワインを売っていた教会や修道院の醸造所が居酒屋へと発展したものです。居酒屋は、権力者にとっては重要な情報源で、居酒屋の主人のなかには領主から特権を与えられ、情報を提供する役割を担う者もいました。

当時の田舎の結婚式では、披露宴を地元の居酒屋で行うのが通常で、ピーテル・ブリューゲルがその様子を描いた『農民の婚礼』には、宴の賑やかな様子が描かれています。（美術史美術館／ウィーン）

Q
中世の領主は、どうやって収入を得ていたの？

A
税のほか、農具の使用料など、さまざまな搾取によってです。

農村には、井戸や風車、水車小屋、パン焼き用の共同の竈などがありました。これらは領主や土地所有者のものであり、使用が強制されたうえに使用料も徴収されました。

イギリス湖水地方の水車
(レイク・ディストリスト国立公園／イギリス)

粉挽きを行う水車も、使用料を課せられた道具のひとつです。(写真：AWL Images／アフロ)

農村の生活

重い税金と心もとない家屋に、つつましい生活を強いられました。

鉄製の農具や農法の進歩で生産力は増大したものの、
毎年のしかかる重税が、農民を苦しめました。
極寒のヨーロッパの冬を乗り切るのに頼れるのは、
煮炊きと家族が身を寄せる暖炉の火のみでした。

① 農民が払っていた税は、どれくらい重かったの？

A 農民の手元に残るのは、収穫の4割程度でした。

自由農民の場合、収穫の10分の1（十分の一税）を教会に、25％を領主に支払いました。さらに25％は翌年の種となるため、手元に残るのは40％ほどでしかありませんでした。

② 農民は搾取されるだけだったの？

A お城の宴会に招いてくれる領主もいました。

客や旅行者を盛大にもてなすことが領主の美徳のひとつと考えられていたため、領主の館ではたびたび盛大な宴会が催されました。ほかにも地元住民のために定期的に宴会を開く領主もいて、これにより領民の忠誠心を培いました。また、領主は領民から搾取する代わりに、外敵から命がけで領民を守る義務がありました。

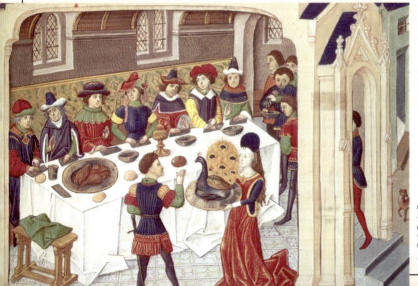

リーフェン・ファン・ラテムによって15世紀の写本に描かれた中世の宴会風景。（パリ市歴史博物館所蔵／パリ）

Q3 中世の農民は、どんな家で暮らしていたの?

A 家畜と同居する土間の家が一般的でした。

中世初期は、地面に穴を掘って、半地下構造にした竪穴式住居で、屋根は茅葺でした。家のなかには炉があって、調理と暖房に使われていました。同じ屋根の下に家畜小屋も作られ、住民は家畜と同居していました。12世紀になると、有力な農民を中心に瓦葺きの屋根を持つ石造りの家屋が建てられるようになりました。

エストニア野外博物館では、農村の家屋が再現されています。

Q4 農村での領主は、どんな家で暮らしていたの?

A マナーハウスと呼ばれる居館です。

村や荘園を諸侯から預けられた騎士たちは、簡単な造りの居館(マナーハウス)に住んでいました。そこには荘園で収穫された作物の集積場があり、また荘園内での揉めごとを解決するための裁判所があり、地方の役場のような機能も持っていました。

当時のマナーハウスの面影を残すイギリスのマーケンフィールドホール。

Q 中世ヨーロッパの庶民は
どんな家に暮らしていたの？

ハーフティンバー様式の家屋
（ローデンブルク／ドイツ）

中世以来のハーフティンバー様式の町屋が立ち並ぶローデンブルクの街並み。（写真：SIME／アフロ）

A 柱や梁がむき出しになった住宅が流行しました。

森林資源が豊富なイギリスや北ヨーロッパでは、梁や柱をむき出しにして、その間の壁をレンガや漆喰などで埋めて作った「ハーフティンバー様式」と呼ばれる木造建築が流行。中世を象徴する景観を形作っていきました。

都市の生活

市壁の内側で繰り広げられた中世都市のアーバンライフ。

中世ヨーロッパの都市は、市壁に守られたなかで発展しました。
野盗や狼がうろつく城外と隔絶された世界で、
都市の人々は、商いに励み、飲み、歌い、踊り、
拡大の一途をたどる都市の生活を満喫していました。

① 町屋のなかはどうなっていたの？

A 4階をひと家族が独占していました。

13世紀の富裕な市民の家屋を例にあげると、1階を仕事場とし、2～3階が居住スペース、屋根裏が使用人が寝起きする場所とされていました。家屋の裏には畜舎や倉庫などがあり、地下室もありました。城壁で囲まれた都市部では、人口増に伴い上下にスペースが拡張されていきました。

中世から近世にかけての街並みが残るフランスのアルザス地方のコルマール。

② ドイツの町に「ブルク」がつく地名が多いのはなぜ？

A 「城壁」という意味があるからです。

「ブルク」とは、ドイツ語で城壁を指します。敵対勢力のほか、異民族や狼の群れから街を守るための市壁が街を囲んでいた名残りが街名にも残っているのです。市壁があるほど重要な街という意味付けから、ステータスシンボルとして、「ブルク」を付ける街も現れました。

『ニュルンベルク年代記』には、城壁で囲まれたドイツ・ニュルンベルクの街が描かれています。（大英博物館／ロンドン）

ヨーロッパの古都の多くでは、大聖堂や教会の前に中央広場があります。イタリア・ミラノの中央に位置するドゥオーモ広場は、大聖堂前の代表的な中央広場です。

Q3 中世ヨーロッパの人々は、情報をどこで得ていたの？

A 町の中央広場です。

中央広場では毎日開かれる市場のほかに、週や年単位で開催される大市が開かれました。近隣の都市や農村だけでなく遠方の商人なども参加するため、国内外の情勢から作物の出来不出来まで、さまざまな情報がやりとりされる拠点にもなりました。また、祝祭などが行われる一方で、公開処刑が開かれる場でもありました。

★COLUMN★ 都市の娯楽

中世の都市では農村と同様、居酒屋での宴などが楽しまれました。また街で開かれる市では、各地から集まる大道芸人や吟遊詩人の芸も楽しまれました。すごろくやボーリングのようなゲームでの賭け事にも熱狂したと言われ、意外に多様な娯楽があったようです。

ピーテル・ブリューゲル『子供の遊戯』には、250人以上の子が83ほどの遊びを行っている姿が描かれています。（美術史美術館／ウィーン）

Q
中世の都市は、
どうやって生まれたの？

A 3つのパターンがあります。

「ローマ帝国が建設した都市を起源とする都市」、「定期市を中心に庶民が集住した都市」、「領主や司教の館を中心に開けた都市」の3つです。

空から見たネルトリンゲン
（ネルトリンゲン／ドイツ）

市壁に囲まれたネルトリンゲンの街。『進撃の巨人』の舞台のモデルとなったともいわれるネルトリンゲンは、レーゲンスブルク司教の統治下で成長し、やがて市場町となった街です。（写真：SIME／アフロ）

都市の生活―都市の形成と大市

発展する街の主役の座は、経済力をつけた市民たちへ。

ローマ帝国の植民地や、領主や司教の城館を中心に誕生した中世都市。
都市が成長していくなかで、商業も活発化して国際化していきます。
交通の要衝だったフランスのシャンパーニュ地方の都市では、
定期的に「大市」が開かれて、貨幣による取引が浸透しました。

Q ローマ帝国が建設した都市には
どんな例があるの？

A ロンドン、パリ、ウィーン、ケルン、ブダペストなどがあります。

ローマ帝国は、ガリアなど征服した地域に植民都市を築いていきました。その名称はローマ時代の都市名に由来します。ゲルマン民族の侵入にさらされるなかで孤立しながらも命脈を保ち、商業が復活する10世紀以降、大都市へと発展していきました。

トリーアは、紀元前16年、ローマの植民都市として建設された「アウグスタ・トレヴェロールム」を前身とするドイツで最も古い都市です。ポルタ・ニグラはトリーアの市壁の北門として建設されました。

シャンパーニュ地方で大市が開催された代表的な街プロヴァン。その旧市街を囲む城壁は、市を保護したシャンパーニュ伯によって建てられたものです。

Q2 定期市から生まれた街にはどんな例があるの？

A プロヴァンやトロワなどです。

10～11世紀までに開墾が進んで収穫に余裕が出てくると、余剰生産物の交換を行うため、商人が自由に交易を行うことのできる定期市が各地で開かれるようになります。とくに交通の要衝であったシャンパーニュ地方では12～13世紀に大市が活況を呈しました。大市はプロヴァンやトロワのほかに、バール＝シュル＝オーブ、ラニーでそれぞれ6～7週間ずつ持ち回りで開催され、多様な商品が取引されました。

Q3 領主や司教の城館を中心に開けた都市には、どんな特徴があるの？

A 二元構造になっている点です。

こうした都市は、領主や司教の館がある居住区と、人々が暮らす市場集落の二元構造になっています。当初その多くが市壁に囲まれていましたが、フランク王国の躍進で一時平和になった際、市壁が取り払われ教会の建設に転用される例が増えました。しかし、ヴァイキングの侵攻が始まると、司教の主導で慌てて市壁を建て直した街もありました。また、領主が要衝に築いた軍事拠点を中心に広がったブリュージュやブリュッセルなども城館を中心に開けた都市の一例です。

★COLUMN★ 貨幣経済と為替システム

物々交換が主流だった中世初期では、前時代のローマ帝国が作ったデナリウス銀貨やイスラームのディナール銀貨が小規模に流通していました。それが、十字軍遠征以後に東方交易が盛んになると、ジェノヴァなどのイタリア都市で製造された金貨が広く利用されるようになります。貨幣の発展とともに経済システムにも画期的な発展を見せています。13世紀以降のイタリアの都市では、有力商人や教会が主導して、両替での貨幣移動の危険を避けるために公証人を間に立てて、支払いを取り決めた証書を作成する為替がスタートしています。

「ドゥカート」は硬貨の意味。ヴェネツィアで鋳造されたドゥカート金貨は、信用が高く、イスラーム世界でも通用しました。

Q
中世の都市は誰が統治していたの？

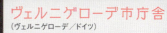

ヴェルニゲローデ市庁舎
（ヴェルニゲローデ／ドイツ）

ヴェルニゲローデの旧市街、マルクト広場に面して建てられた市庁舎。「中世木骨組み建築の至宝」と称えられる名建築です。

A 当初は貴族でしたが、下剋上が起こりました。

当初、都市は王侯や騎士など封建領主の支配を受けていましたが、11〜12世紀にかけて商工業が発達すると、商人を中心とする都市の人々が、利益を吸い上げるだけの領主への抵抗を開始。さまざまな方法で自治権を獲得していきました。

都市の生活——都市の運営

力を持った都市の住民が、
都市国家の運営に挑戦しました。

貨幣経済が進展するなかで力を蓄えた商人たちは、
より自由な交易を求め、都市の自治を目指すようになります。
貴族や聖職者らの支配を長きにわたり受けてきた彼らは、
どうやって自治を獲得していったのでしょうか。

Q1 自治権獲得の原動力となったのは、どんな人々？

A 商人たちです。

自治権の獲得は、領主から特許状による諸権利（市場権や貨幣鋳造権、交易権など）を買収したケースのほか、12〜13世紀には大商人が自治を条件に都市づくりを請け負うなどして行われました。こうして生まれた、封建領主への貢納が免除され、領主の裁判権の及ばない都市を「自治都市」といいます。ドイツでは司教座の支配から自立したり、皇帝に直属したりして自治を認めてもらった「帝国都市」が、イタリアでは法と城壁を持つ都市が農村部を取り込んだ独立国家である「都市共和国」が形成されました。

フランスでも有力商人が、事実上の市長として市政を司るようになりました。百年戦争のさなか、戦費調達を巡って国王ジャン2世と対立し、一時パリの市政を掌握したエティエンヌ・マルセルもそうした商人のひとりです。現在のパリ市庁舎の南端に位置する庭にマルセルの騎馬像が設置されています。

② 当時の商人たちはどうやって安全に交易をしたの？

A 商人同士の団体を作ってお互い助け合いました。

戦争に巻き込まれたり、野盗の襲撃を受けたりといった道中のリスクが伴う都市間の交易に従事するなかで、商人たちは相互扶助を目的とする組織を作りました。これが「商人ギルド」です。ギルドの運営には領主の承認が必要でしたが、ギルド側は商品の売り上げから一定の税を納めていたので、領主にその存在を認めさせるのは容易でした。やがてギルドの商人たちは、もっと自由に商売ができるよう、自治権獲得を先導するようになります。

③ 自治都市は、どう運営されたの？

A 裕福な商人や騎士などが参加する参事会によってです。

参事会は、ドイツなどヨーロッパの都市で12～13世紀にかけて組織された市政の合議機関。商人や騎士のほかにも有力な自由農民、職業組合の幹部などが無報酬の参事会員となって、街の組合調整、環境整備、秩序維持、徴税などを決めました。とくに商人ギルドは参事会に組合員を送り込み財政に大きく関与するようになります。

ドイツ・ローデンブルクには、市参事会の祝宴に使われた館が残り、その仕掛け時計は観光スポットになっています。

COLUMN　石工と秘密結社

さまざまな都市伝説が伝えられるフリーメイソンは、18世紀初めのイギリスで結成されたと言われますが、その源流は中世の石工組合、つまり石工たちのギルドにあると言われます。

石工とは言っても、当時の石工は石切りなどの作業に従事しただけではありません。大聖堂建築の際には、石工職人の親方が漆喰工、ガラス職人、屋根職人、人夫など工事に参加する人々をまとめる役割を担うばかりか、建物自体の設計まで請け負っていたのです。彼らのような職人たちは、商人ギルドの成功を見るなかで、自身もギルドを結成し、やがて市政への参画を熱望するようになります。

『フランス大年代記』に描かれた中世の大聖堂建設の様子。

Q 都市に暮らす職人は
どんな風に出世したの？

職人広場
（ニュルンベルク／ドイツ）

ドイツ南部ニュルンベルクのケーニヒ門付近に中世の職人街を再現した一画。民芸品店やソーセージの店、ワイン酒場などが軒を連ねています。

A 厳しい親方のもとで腕を磨きました。

親から子へ世襲で職業を受け継ぐのがほとんどでしたが、弟子入りから職人、そして親方になるまでには、長い年月の修業が必要でした。親方になるためには、製作した商品の品質を組合に確認してもらったうえで承認される必要がありました。

都市の生活―職人の世界

自分の工房を夢見ながら、徒弟制度で仕事を覚えました。

中世ヨーロッパで職人を目指す子供たちは、
幼少の頃から親元を離れ、親方のもとで長期間の厳しい修業生活を送りました。
晴れて一人前の職人としてひとり立ちし、
工房の主となるまでには、長い道のりがあったのです。

Q 独立するまで親方のもとでずっと修業をしたの？

A 武者修業の旅に出る者もいました。

10代半ばを過ぎて見込みのある者は、親方の命を受けて武者修業に出ることもありました。そうして各地を回る職人は、「遍歴職人」と呼ばれました。修業を終えたのち、ギルドの審査を受けて合格すると晴れて親方になり、独立した職人としてギルドへの加入が許されました。こうした遍歴の制度は現代にも受け継がれ、フランスには各地の企業やアトリエを巡って修業する「コンパニョナージュ」と呼ばれる職業訓練制度があります。

親方になるまでの道のり

15世紀に起こった黒死病（ペスト）の流行以降は、大幅な人口減により、実家での修業で世襲していくことが多くなります。

親方	組合の構成員として工房を代表し、工房の切り盛りを行う。

↑ ギルドの課題試験を通過すれば昇格

職人	技術者として有給で働く一方、諸国を遍歴して腕を磨く者もいた。遍歴中の賃金は、職人ギルドが保障した。

↑ 7～10年で昇格

徒弟	12～16歳くらいで親方と修業契約を交わして見習い入門し、住み込み無給で修業する。

修業契約

大聖堂の建築現場で働く職人たち。トレッドウィール・クレーン（足踏み回転車）と呼ばれる、人力により荷を持ち上げる木製の装置が使われるなか、さまざまな職人たちの働く姿が見られます。

女性の職人や親方は存在したの?

A 15世紀に入ってから登場しました。

中世では「婦人は公衆の前では沈黙を守る」という倫理観があり、職人ギルドでも原則、女性は親方になれませんでした。しかし一部の都市では、毛織物業などで女性の修業期間や独立が認められており、15世紀末になると多くの職人ギルドで女性職人が登場しています。画家も職人の一業種とされ、マンガ『アルテ』(コアコミックス)では、画家を目指す女性主人公の奮闘が描かれています。

 ## 中世の都市の職業にはどんな傾向があるの?

A バリエーション豊かに細分化されていました。

毛織物やパン屋、宿屋などが代表的な職業ですが、鍛冶屋を例にすると、武器、農具、日用品などのほか、大工と連携して水車や荷車の制作やメンテナンスを手掛ける職人も居て、専門分野によって細分化していきました。

ギルド紋章

イタリアヴェネツィアに残るさまざまなギルド紋章。

裁判官	ワイン造り	鍛冶屋	肉屋

★COLUMN★ 職人組合の登場

11世紀頃に成立した商人ギルドの職人版「同職ギルド」が13世紀頃に成立し、原料確保、技術共有、販路確保、価格協定、営業権の確保を進め、力を持つようになります。

すでに都市の参事会で力を持つ商人ギルドと、参事会へ参加し都市運営にも影響力を持ちたい同職ギルドの間で摩擦が起こり、両者の間で「ツンフト闘争」といわれる抗争が起こりました。ツンフトとはドイツ語で職人ギルドを意味します。一部の都市では職人ギルドの参事会への参加が認められましたが、失敗に終わることも多く、首謀者たちが処刑されるケースもありました。

Q 中世ヨーロッパは、カトリックが絶対的権威だった？

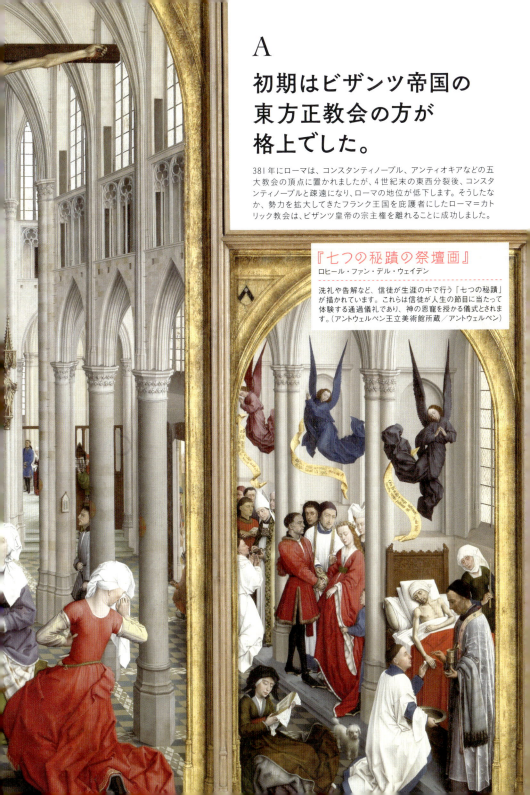

A
初期はビザンツ帝国の東方正教会の方が格上でした。

381年にローマは、コンスタンティノープル、アンティオキアなどの五大教会の頂点に置かれましたが、4世紀末の東西分裂後、コンスタンティノープルと疎遠になり、ローマの地位が低下します。そうしたなか、勢力を拡大してきたフランク王国を庇護者にしたローマ＝カトリック教会は、ビザンツ皇帝の宗主権を離れることに成功しました。

『七つの秘蹟の祭壇画』
ロヒール・ファン・デル・ウェイデン

洗礼や告解など、信徒が生涯の中で行う「七つの秘蹟」が描かれています。これらは信徒が人生の節目に当たって体験する通過儀礼であり、神の恩寵を授かる儀式とされます。（アントウェルペン王立美術館所蔵／アントウェルペン）

教会と修道院

教会は、中世の人々に、
癒しや生きる意味を与えました。

中世ヨーロッパ社会の、精神的な基盤はキリスト教でした。
その教義を司った教皇や司祭たち、すなわち「祈る者」は、
いつしか権力者と結びつき、世俗化を進めていきます。
そうした腐敗に対し、原点回帰を目指す人々により、修道院運動が起こりました。

Q ローマ教皇って、どんな存在なの？

A キリストの代理である
使徒「ペテロ」の後継者とされています。

ペテロはキリストから天国の鍵を授かり、パウロとともにローマ伝道に尽力した聖人です。ローマ教会を主導した初代教皇とされ、その後継者が、カトリック教会のトップに君臨した歴代教皇なのです。中世初期のローマ教会には、ビザンツ教会に対する東ローマ帝国のような庇護者がおらず劣勢でしたが、6世紀末に行われたグレゴリウス1世によるゲルマン民族への布教政策の成果が出て、カールの戴冠後には、中世の人々の精神世界を支配する信仰上の権威となりました。

ローマ＝カトリックの総本山であるヴァチカンのサン・ピエトロ大聖堂と天国の鍵を持つペテロの像。サン・ピエトロ大聖堂は、ペテロの墓の上に建てられたと言われます。

② カトリックの聖職者は、どんな暮らしをしていたの？

A 禁欲的な生活を送りながら、ミサを主催しました。

信徒が集う教会でのミサを主催するほか、洗礼や説教などのさまざまな儀式を行う司祭は、基本的には「私有財産の放棄（清貧）」「結婚禁止（純潔）」「神への忠誠（服従）」を宗教の根底としていましたが、時代が下るにしたがって権力や経済力を持ち、世俗化と腐敗の道を歩む者が現れました。

③ 修道院って、何をするところなの？

A 信仰を深める修行の場です。

信仰を広げる場である教会に対し、俗界を離れて禁欲的規律を守り、共同生活を送ることで信仰を深める場所です。世俗化が進むカトリック教会を改革するために誕生し、修道士たちが「清貧・純潔・服従」を旨とする生活を送りました。6世紀イタリアから出発した厳しい戒律を設けたベネディクトゥス会、異端の取り締まりの急先鋒として活動したフランシスコ会やドミニコ会などがあります。

7世紀初頭に起源を持つザンクト・ガレン修道院にはスイス最古の図書館があり、文化と科学知識が集結された総本山として、中世ヨーロッパにその名を轟かせました。

④ 「異端」って、何？

A 教会公認の教えと異なる思想のことを本来は、指していましたが……。

中世初期には、キリスト教内部の聖職者の知識や神学に関しての異端認定がほとんどでした。たとえば、正統のアタナシウス派の神・聖霊・キリストを一体とする「三位一体説」を否定するアリウス派やネストリウス派が異端とされています。当時はまだ教義を弾圧するようなことはありませんでしたが、11世紀頃からキリスト教が庶民に深く根ざしていくと、教皇の権威や世俗君主の障害となる勢力が「異端」とされるようになります。教会の権力や富を否定し清貧を主張したカタリ派は、異端とされたばかりか、弾圧を受けることになりました。

★COLUMN★ 何よりも恐ろしい「破門」

破門は、カトリック教会では信者へ与えられる最大の罰です。破門はキリスト教世界からの追放に等しく、結婚・仕事に制限が加わるばかりか、臨終の際の告解や死後の埋葬を認められず、天国にもいけなくなるとされています。皇帝や国王といえども、教皇によって破門されると、諸侯は王への忠誠、人民は貢納の義務を果たさなくても良いことになります。権力者の地位はもとより、人としての社会存在を根底から覆されることになるのです。都市が破門宣告をされた事例もあり、そうなると人々は教会での懺悔もできなくなりました。カノッサの屈辱（21ページ）での、神聖ローマ皇帝からのローマ教皇への謝罪は、当時のこうした社会通念が背景にあるのです。

105

Q
大聖堂の形に
何か意味はあるの？

A
十字架の形を
しています。

終末の際に、天にいる神様に信徒の居場所を知らせるための形といわれます。建築に半世紀以上かかることも珍しくなく、何世紀もかけて建築された大聖堂も少なくありません。

聖ガルガーノ大聖堂
(キウズディーノ／イタリア)

トスカーナ州に残るゴシック様式の大聖堂跡。上空から見ると大聖堂の十字架の形がはっきりわかります。(写真：SIME／アフロ)

大聖堂

キリスト教世界を体現する教会に、建築・美術の粋を集めました。

天高くそびえる教会の大聖堂は、都市のシンボル的存在です。
その建築様式は古代の様式を踏襲するところから出発し、
イスラームや異民族の文化の影響を受けながら、
中世の芸術の粋が詰め込まれた神の世界を表す建造物となりました。

Q 大聖堂の中心には何があるの？

A 司教または大司教が執務するための座席があります。

司教座のほかにも、壁画やステンドグラス、装飾品など、中世ヨーロッパ芸術の精華が詰め込まれていました。建築には半世紀以上、時には数世紀にわたる年月がかかるため、建設費用は聖遺物を巡行させて、見物人から寄付金を募っていました。

ステンドグラスが美しいサント・シャペル。ゴシック様式が広まると、大きな窓の敷設が可能となり、その部位にステンドグラスがはめられるようになりました。ステンドグラスを通じて太陽の光が聖堂内に入り込み、神々しさを演出します。（パリ／フランス）

最初の教会はどんな建物だったの？

A 古代ローマの集会場や円形神殿を借りていました。

キリスト教公認後、キリスト教徒たちはローマ建築をヒントに聖堂の建設を始めます。その形式はバシリカ式と集中式の2つ。前者は古代ローマの公会堂の形式を模倣した長方形の建物で、短い辺の入口を入ると、左右の壁側に側廊を持つ長い身廊があり、部屋のいちばん奥に祭壇が設けられていました。後者は洗礼で利用される洗礼堂のための円形を基本プランとする建物で、ローマの霊廟や神殿などを模倣したものです。

7世紀に洗礼堂として、13世紀からは聖堂として転用されたサンタ・コンスタンツァ霊廟。中世の教会にはローマ建築をそのまま転用した例も散見されます。

③ 教会の建築は、どんな風に発展したの？

A 東西にわかれて発展を遂げました。

東ローマ帝国では、古代ローマ市民社会の集会施設でシンボル的建築であった「バシリカ」の様式を継承し、ローマ建築の流れを汲み、大ドームを持つビザンツ様式の教会建築が発展しました。一方、西ローマ帝国が滅び去った西ヨーロッパでは、ゲルマン民族の文化と古代ローマの文化が融合し、ローマ（らしき）建築を模倣したロマネスク様式が11世紀に発祥。12世紀になると、建築技術の発達に伴い、聖堂内に光を取り込むことによって、色彩あふれる神の世界の再現を試みるゴシック建築が登場しました。

教会建築の発展

バシリカ様式（ピサ大聖堂）
最初期における教会堂の建築様式。アナトリウムと呼ばれる前庭と玄関廊があり、列柱で区切られた長い身廊が特徴で、身廊上部の高窓から採光されます。

ビザンツ様式（アヤ・ソフィア）
正方形のバシリカ様式の建築の上にドーム天井を備えた形式。ドームは4つのアーチで作られた正方形の上に乗るしくみで、「ペンデンティブ・ドーム」と呼ばれます。

ロマネスク様式（トゥム・カレッジエイト教会）
バシリカ様式を踏襲し、尖塔やランセプトが加わった様式。連続するアーチがトンネル状に奥へと伸びる天井は、ローマ建築を思わせます。

ゴシック様式（ケルン大聖堂）
高くそびえる尖塔を持つのが特徴。天井の横断アーチとその対角線のアーチによって強度が増し、窓を高く大きく開けることができるようになりました。

109

COLUMN 3 聖人信仰

殉教者など信者の模範となる聖人たち
中世の民衆の間で聖人信仰が流行

「聖人」とは、キリスト教への殉教者や高い徳を積むために生涯を送った信徒を指します。一般信徒と神との間を取り持ってくれる存在とされ、中世の人々は、病の平癒や旅の無事など切実な祈りを込めて、熱心に祈りを捧げました。

そうした聖人の伝説は、教会を飾る絵画や彫刻のモチーフにもなり、今も信徒の切実な願いを聞き届けているのです。

女性を守ってくれる聖人たち

シエナの聖カタリナ
離婚した女性の守護聖人

カトリック教会を擁護した最初の女性の教会博士です。家業の染色業を手伝いながら苦行と祈りの生活に徹しペスト患者への献身的な看病をし、フランス王の意向でアヴィニョンに移っていた教皇を説得して教皇位をローマへ戻す偉業をなしました。
『シエナの聖カタリナ』(ジョヴァンニ・バッティスタ・ティエポロ)

聖ヘレナ
離婚した女性の守護聖人

ヘレナはローマ将軍と結婚しますが、政治的理由から離婚。夫の死後に息子のコンスタンティヌスがローマ皇帝となり皇太后となりました。60代のときに洗礼を受けてキリスト信者となり、エルサレムへの巡礼の際にキリストの十字架を発見したとされています。
『聖ヘレナ』(チーマ・ダ・コネリアーノ)

アレクサンドリアのカタリナ
未婚少女の守護聖人

偶像崇拝を強要するローマ皇帝に真っ向から反し、皇帝から派遣された50人の哲学者を論破してキリスト教へ改宗。皇帝は信仰を捨てれば皇后にするとまで言いましたが拒否。車輪に縛りつけ身を引き裂く刑に処されても、神の奇跡で命を落としませんでした。
『アレクサンドリアの聖カタリナ』(カラヴァッジョ)

マグダラのマリア
悔い改めた女性の守護聖人

裕福な家で自由奔放な生活を送り7つの悪霊につかれて苦しみ、人々から「罪の女」というレッテルをつけられて疎まれました。イエスと出会って悪霊から解放された後は、信仰の道を歩みました。復活したイエスが最初に現われたのはマリアの前とされています。
『マグダラのマリア』(カルロ・クリヴェッリ)

聖アガタ
胸の病気の守護聖人

アガタはシチリア島の貴族の娘で、キリスト教徒であった彼女は信仰を捨てさせるため、乳房を切り取られる拷問を受けました。衰弱しきっても祈り続ける彼女のところに聖ペテロが現われて励まし、奇跡的に傷が治ったと言われます。『聖アガタ』（フランシスコ・デ・スルバラン）

聖モニカ
既婚女性の守護聖人

モニカは息子アウグスティヌスの乱れた生活に心を痛めていました。モニカの熱心な思いが実って、アウグスティヌスもキリスト教に心が傾き洗礼を受けました。彼女は亡くなる前に息子へ「死ぬ前にカトリック信者としてのあなたを見られるこの恵みを、神はくださいました」と言ったと伝わります。『母親、聖モニカ』（ベノッツォ・ゴッツォリ）

聖マルタ
主婦の守護聖人

マルタはイエスとともに妹マリアと弟ラザロと暮らし、信者として敬虔な生活を送りました。ラザロが死んだときにマルタはイエスのもとに使いを送り、イエスにラザロを生き返らせてもらったとされています。その後もマリアとともにイエスに従いました。『イエスの接待に立ち働くマルタと説教に聴き入るマリア』（フェルメール）

パドヴァのアントニヌス
不妊女性の守護聖人

13世紀のカリスマ的な説教師として絶大な人気のある聖人です。フランチェスコ会の創設者の聖フランチェスコに新司祭祝賀の演説を命じられ大成功をおさめたのを契機に、イタリアやフランスを巡る大演説家になりました。彼の演説が始まると、通りから人がいなくなったとされています。『幼いキリストを抱くパドヴァの聖アントニオ』（フランシスコ・デ・スルバラン）

聖ヴァレンティヌス
恋人の守護聖人

ローマの司祭ヴァレンティヌスは、キリスト教迫害下でも熱心に宣教し、宣教をやめさせようとしていた判事の家族の目も治します。皇帝はヴァレンティヌスをはじめ判事一家も処刑してしまいますが、後に殉教者として聖人とされました。中世になるとバレンティノの記念日に愛の告白のカードを渡す慣習が広まりました。

111

タペストリーの部屋
〈フォンテーヌブロー城／フランス〉

タペストリーは装飾品としての役割のほか、住居の壁からの隙間風を防ぎ、断熱効果も見込めました。

Q 中世の豪華な壁掛けを美術館でよく見かけるけれど、どうやって使っていたの？

A 寒い城のなかで防寒に使われていました。

壁掛けは「タペストリー」と呼ばれる芸術で、1枚1枚手織りで仕上げられた高価な芸術品でした。一角獣や英雄をテーマとした作品が知られ、とくに6枚綴りの連作である『一角獣と貴婦人』が有名です。

中世美術

ルネサンス以前の芸術も、多様で魅力にあふれています。

華やかなルネサンス美術に対して、ヨーロッパの中世美術というと、平面的で表情がなく、厳格なキリスト教のイメージを抱かれがちですが、決してそんなことはありません。
中世の信仰と美的センスが息づく美術の世界をのぞいてみましょう。

Q 中世美術の発想の源泉はどこにあるの？

A キリスト教の世界観です。

教会の権威が絶大で、人々の精神世界をキリスト教信仰が支配していた時代、学問ではキリスト教神学が重んじられ、芸術も建築も同様の傾向にありました。教会の装飾のための彫刻のほか、聖書に関する絵画や神を称える音楽など、キリスト教に題材をとるものが主流を占めていました。

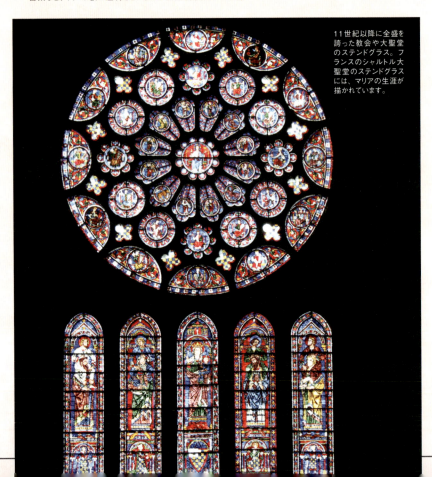

11世紀以降に全盛を誇った教会や大聖堂のステンドグラス。フランスのシャルトル大聖堂のステンドグラスには、マリアの生涯が描かれています。

Q2 中世ヨーロッパの本はどこで作られていたの？

A 修道院です。

修道院は中世の印刷工場としての役割も担っており、聖書をはじめとする宗教書のほか、歴史書や物語などを聖職者が写して職人が着色していました。耐久性のある羊皮紙に書かれたおかげで、数百年たった今でも当時の輝きを保っています。写本芸術の白眉としては、スコットランド北東部（ノーサンブリア王国）のリンディスファーン修道院で作成された『リンディスファーン福音書』などがあります。

8世紀にケルト教会の修道院で作成された装飾写本『ケルズの書』は、アイルランドの国宝とされており、ダブリン大学の図書館で展示されています。

Q3 ロマネスク教会の彫刻とゴシック教会の彫刻とでは、どんな違いがあるの？

A デフォルメのロマネスク、立体的なゴシックです。

ロマネスクの時代は絵画も彫刻も、自然で写実的な表現は親しみやすく威厳を損ねると考えられました。また、建物に付随した浮彫の彫刻が中心で、決められた枠内に彫刻されました。そのため動きがなく、デフォルメされた姿で対象が表現されました。一方、ゴシックの時代になると枠から解放され、自然な人体表現と感情表現がみられるようになりました。

ロマネスク
ロマネスク彫刻の白眉とされ、最後の審判を表現したサン・マドレーヌ大聖堂正面入口の彫刻。

ゴシック
ランス大聖堂西正面彫刻。右が「ランスの微笑」と呼ばれる天使像です。

★COLUMN★ 忘れてはいけないビザンツ様式

建築と同じく、ロマネスク、ゴシックと移り変わった西ヨーロッパの美術に対し、東ローマ帝国でもビザンツ様式の美術が花開きました。ギリシアおよびローマの文化が東方のヘレニズム文化と融合。さらにイスラーム文化の影響を受けて確立していった芸術で、ラヴェンナなどに美しいモザイク画が残されています。また、偶像崇拝を禁じるイスラームの影響を受けて誕生した聖像画「イコン」も、ビザンツ様式の美術です。

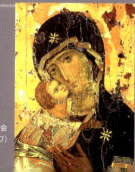

イコンの名作のひとつ『ウラジーミルの生神女』。生神女とは正教会における聖母マリアのことです。（トレチャコフ美術館所蔵／モスクワ）

シャルトル大聖堂聖歌隊席の彫刻
（シャルトル／フランス）

中世は、クラシック音楽の基礎となる音楽が、古代ギリシア音楽や原始キリスト教音楽を土台として作られた時代。その柱となったのが、教会で歌われた聖歌でした。（写真：TARO NAKAJIMA／アフロ）

神を称える歌が聖堂に響き、
人々は歌と音楽に酔いしれました。

音楽の形がはっきりしてくるのも中世から。
この時代に、神に祈りを捧げる聖歌の基礎が生まれました。
また、街の広場で旅芸人が、叙情詩を歌い上げて人々を魅了していました。
こうした中世の音楽がやがてクラシック音楽となり、現代の音楽へとつながります。

① 中世ヨーロッパの歌は今でも残っているの？

A グレゴリオ聖歌があります。

8世紀頃、教会音楽において、クラシック音楽の直接のルーツとも言われるグレゴリオ聖歌が生まれました。ミサにおいて、祈りの聖句や聖書の言葉をメロディに乗せて歌う宗教歌で、伝説上では教皇グレゴリウス1世がさまざまな形式の聖歌を典礼用にまとめたものとされています。実際には、ガリア地方で歌われていた聖歌を下敷きに形を整えたものとされ、フランク王国の強大化に伴い、ヨーロッパ中へと広がりました。

古代ラテン語で書かれたグレゴリオ聖歌集。当初は単旋律、1オクターブの範囲で歌われていましたが、次第に歌詞や新たな旋律を重ねるトロープス(付けたし加工)が施され、多声音楽の「ポリフォニー」へと発展していきました。

② 吟遊詩人って、どんな仕事をしていたの？

A 宮廷で王侯を讃える詩を作って歌いました。

12世紀頃には、フランスを中心に、宮廷の恋愛を叙情詩に歌い上げた騎士などの貴族階層の詩人(トゥルバドゥール)が活躍しました。中世の音楽は、教会で歌われた聖歌がある一方、世俗の世界では吟遊詩人らが歌ってきた詩歌がありました。王侯に仕えて彼らを称える歌を詠む宮廷詩人がいた一方で、多くの吟遊詩人が放浪生活をしながら、街角で演奏や踊りを披露していました。

中世の楽器

ヴァイオリン
十字軍の遠征によって「レベック」というリュートのような楽器がヨーロッパに伝わり、13世紀にフィドルが誕生。15世紀に7本の弦を持つ原型が生まれました。

ハープ
紀元前3000年頃にはすでに存在していたと見られます。当初は鉤の上げ下げで半音の操作を行なっていました。

オルガン
紀元前3世紀頃には水圧を利用してパイプを鳴らす仕組みですでに存在していた古い楽器です。13〜14世紀のゴシック建築の大聖堂に巨大なパイプオルガンが盛んに設置されました。

トランペット
15世紀中頃、ブルゴーニュ宮廷のために作られたスライド付きのS字型トランペットを改良して生まれ、それ以来、形状は維持されていると言われます。

Q
中世の街道は、
四通八達していたの？

石畳の道
(シチリア島／イタリア)

シチリア島中部のサンタ・マリア・ダ・ロレート教会に続く石畳の道。
(写真：SIME／アフロ)

A
ローマ時代のものが利用されていました。

中世の交通網はローマ帝国が敷いた道を基礎としていました。つまり、インフラの整備は進んでおらず、むしろ異民族の侵入などにより荒れ果てて分断されていたのです。森には盗賊が潜んでいて治安も悪く、襲われる危険性もかなり高い状態。比較的安全な移動手段は騎乗、あるいは馬車でした。

インフラ

ローマの遺産を活用しながらも、
インフラは寸断されていました。

四通八達したローマの街道でしたが、
中世に入るとメンテナンスを担う者がいなくなったために荒廃していきました。
かつての充実したローマの公共サービスが失われた中世の景観を、
インフラの面から覗いてみましょう。

Q 街道の移動中に日が暮れたら、どこに泊まったの？

A 中世後期になると、一応、宿屋がありました。

中世中期までは宿屋自体がなかったため、旅人は道中の農家に泊めてもらうなどしていたようです。西ヨーロッパの街道沿いに宿屋が一般化したのは13世紀以降のことでしたが、あまりサービスはよくありませんでした。寝るときは裸が普通で、個室などなく、大部屋に並んだベッドのひとつを初対面の者同士数人で共有する有様でした。

パリ最古の石畳とされるサンルスティック通りの石畳。12世紀フランスのパリの路地は、悪臭漂う泥土でした。そこで国王フィリップ2世は初のパリ全面舗装命令を出しましたが、敷石が薄く、壊れやすいものでした。

16世紀に教皇クレメンス7世が掘らせた、サン・パトリツィオの井戸。深さ62mの縦穴で、内壁に沿ったらせん階段を降りて水を汲みに行ったとされています。

② 街の汚れた水は、どうやって処理したの？

A 道路や溝に流しっぱなしでした。

一部のし尿は畑の肥料に使われていましたが、都市部では道路や溝に流しっぱなしにするのが実情でした。汚水が原因となったコレラやペストなどの伝染病が発生したため、フランスのパリでは1370年から本格的な下水道が建設されましたが、浄水設備はなく河川の汚染が進んでしまいました。

③ 庶民が出した手紙は誰が運んだの？

A 肉屋が活躍したようです。

14世紀以前の情報伝達手段は、商人や芸人への口伝えに頼るしかありませんでしたが、それ以降は製紙業も盛んになり、文字の読み書きができる聖職者の助けを借りて、庶民でも手紙のやりとりが可能になりました。しかし、手紙の運び手がいません。そこで、商品になる肉を腐敗させず速やかに運搬するために、上等な馬や荷車を持つ肉屋が郵便配達を担うことが多かったとされています。

一方、教会や国王や諸侯は独自に伝令を持っていました。大変危険が伴うため、武装して職務に当たっていました。12世紀のイタリアでは、ヨーロッパ各地の教会や修道院を統率するため、「モナスティック・ポスト」という僧院の飛脚が置かれていました。

Q 中世ファッションの特徴を教えて！

『ヘンリ8世』
ハンス・ホルバイン

描かれているヘンリ8世は、イギリス・テューダー朝の王。16世紀前半に絶対王政を強化、またローマ教会と対立してイギリスの宗教改革を断行しました。（ウォーカー・アート・ギャラリー所蔵／リヴァプール）

『ロンドン塔のアン・ブーリン』
エドゥアール・シボット

アン・ブーリンは、ヘンリ8世の2番目の王妃。結婚2年後に国王暗殺などの容疑をかけられ、ロンドン塔に幽閉されている様子が描かれています。（ロラン美術館所蔵／オータン）

A
性的な特徴を強調していました。

男性は股間を強調するコッドピースを穿き、女性は胸を大きく見せる服装を好みました。

ファッション

上流階級は、より個性や優雅さを求めました。

個人の好みによるファッションが始まるのも、中世のこと。
とくに上流階級の間では、
ローマ時代のファッションが、ゲルマン文化の影響を受けながら、
徐々に個性的かつエレガンスに進化を遂げていきました。

 庶民は、どんなファッションをしていたの？

A とても地味で質素な装いでした。

農民は古代ローマから着られている、毛織物や亜麻製の尻から膝上くらいの丈の洋服(チュニック)を着ていました。街の人々は上流階級の流行を後追いするファッションが多く、男女ともにコトやコタルディと呼ばれる動きやすい上着を着るのが主流でした。14世紀以降は身体のラインにぴったりな衣服が流行しました。

ジョヴァンニ・バッティスタ・モローニ『仕立て屋』。中世中期から身に付けられたプールポアンは、刺子仕立ての表布と裏布の間に綿や麻屑の詰物をして、合わせ縫いをした膝丈の衣服。兵士が鎖帷子の下に着た胴着から始まりました。(ナショナル・ギャラリー所蔵／ロンドン／イギリス)

124

Q2 貴族や上流階級が好んだファッションは？

A 先進的なファッションを競いました。

13世紀から15世紀にかけて流行したのはエレガンスさと装飾性が特徴で、建築や美術と同様に「ゴシック様式」と呼ばれます。男性はロングコートや帽子などを身に付けるのが一般的で、刺繍や装飾された服がステータスシンボルとされました。一方で女性はフローのあるドレスが特徴的で、ウエストを細く見せるコルセットが使用され始めました。

サン・ドニのフランス年代記写本のマリー・ド・ブラバントとフィリップ3世。王妃はチュニックの上に重ねて着る脇を大きくえぐった緩やかな外出用の上着（シュールコートゥベール）を身につけています。

Q3 カトリックの聖職者は、祭事にどんな服をまとっていたの？

A ローマ時代を踏襲した伝統的な服です。

司祭は丈の長いチュニック（アルバ）の上に、小さなマントのような肩衣（アミクトゥス）を着て、さらにその上から腿の辺りまですっぽりと覆うマント（カズラ）をまといます。さらに付属品として、肩から現代のストールのような帯（ストラ）を下げ、腕にはマフラーに似た長方形の布（マニプルス）をかけます。これは現代でも変わらず踏襲されています。

そのほか司祭は、司教の証である帽子（ミトラ）をかぶり、司祭杖を持つこともあります。（写真：ロイター／アフロ）

125

COLUMN 3
中世ヨーロッパのモード

庶民は前時代を踏襲した機能性を
富裕層はより華やかに独創的に

フランス、イタリア、ドイツの庶民の間では、チュニックと呼ばれる上着をウエストで締めるローマ帝国の流れをくんだ服装が中世中期まで続きました。農作業など作業しやすい質素な服装が基本で、より機能性を重視して進化していきました。一方で王侯貴族や、経済が発達して力を持った商人からは、自身を独創的に着飾る流行が広まっていきました。体のラインを強調するようなフィットする服装も登場。絹や毛皮など豪華な素材を使用し、色彩も豊かになっていきます。

12〜14世紀
フランスの王侯

14世紀にはプレーヌという尖った靴が男性の間で流行。階級によって、その尖りの長さが定められていました。女性はヘニンという円錐形で長いベールが垂れ下がっている帽子が流行。さまざまなバリエーションを楽しみました。

12〜14世紀
フランスの庶民

袖口がフレアー状になったチュニック「ブリオー」が13世紀のフランスで流行しました。初期のブリオーはゆったりでウエストに余裕がありましたが、その後は腰からお尻にかけてフィットするものに変わりました。「トリスタンとイゾルデ」（ジョン・ウィリアム・ウォーターハウス）

15世紀
イギリスの庶民

『ベッドフォード公の時祷書』に描かれたバベルの塔の建設場面。作業をしている人々が下にスリットの入った長めのチュニック風の上着を、腰で締めた格好をしています。これはゴネルと呼ばれる当時の労働者の一般的な衣服でした。

12〜14世紀
ドイツの庶民

男性はチュニックとズボン、女性はチュニックと頭巾を着用するのが一般的でした。素材はウールや麻が主流で、染色は限られた色のみでした。

12〜14世紀
ドイツの王侯

女性は絹や金糸などの素材を使用したドレスをまとうようになります。また、ドイツ王のマクシミリアン1世の家族の肖像画に見られるように、さまざまなデザインの頭巾が流行しました。

12〜14世紀
フランドルの王侯

中央に立つブルゴーニュ公国のフィリップ善良公が、公式の場で好んだのが黒でした。このファッションはやがてハプスブルク家に伝わり、スペイン宮廷で流行。さらにヨーロッパ各国へ広まりました。

12〜14世紀
フランドルの富裕層

イタリアの商人など裕福層は毛皮を使ったコートなどをまといました。ヤン・ファン・エイクの肖像画では、テンの毛皮が贅沢に使われているヒューケ(袖なしコート)が描かれています。

12〜14世紀
イタリアの庶民

都市で働く職人などは14世紀半ばから、作業のしやすいぴったりとした動きやすい服装を求めるようになり、低い襟がついた腰丈ほどの上着を着るようになっていきました。

127

聖ペテロとパウロ教会
(シジナ／ポーランド)

ポーランド南部、小さな教会が佇むシジナ村の田園地帯。多くの教会は鐘楼を備え、この鐘楼で時を知らせる鐘が鳴らされました。

祈りの時間を知らせる鐘は、中世の大切な時間概念でした。

中世の人々の1日は、
毎日決められた時間に行われる祈りが基本となっていました。
暦も宗教行事をもとに設定され、
年中行事や農作業の時期もキリスト教と結びついていました。

 中世に使われていた暦はどんな暦？

 ローマ時代に定められた暦です。

中世ヨーロッパでは、紀元前45年から太陽暦（ユリウス暦）が使用されていました。カエサルが定めた春分から翌年春分までの1年を365日と4分の1として、4年ごとに閏年をおくものでしたが、100年に0.8日ずつ太陽の周期とずれるため、次第に実際の季節と暦がずれていきました。これを受けて教皇グレゴリウス13世が暦の改訂を命じ、グレゴリウス暦（改訂ユリウス暦）を制定したのは1582年のことでした。ただし、東方教会やプロテスタント諸国ではカトリックへの反発から、旧来のユリウス暦の使用を続けるところもありました。

 時間を知らせる時計はなかったの？

 機械式時計がありました。

中世中期には「クレプシドラ」と呼ばれる水時計のほか、日時計、砂時計、目盛りのついたろうそく時計が使われていました。1300年頃には、鐘の音で時を知らせる世界初の機械式時計が、修道院や教会の塔の上にできたと言われています。

ベルン旧市街の西門にある時計塔ツィットグロッゲは、スイスで最も古い時計塔のひとつとされていて、石の重さで歯車を回して時刻のほかに、曜日、日にち、月、星座、月の位相も表示しています。

Q
有名な定期市を教えて!

A
シャンパーニュの大市が有名です。

12〜13世紀に最も人々が集まったのが、フランス南東部のシャンパーニュ地方です。シャンパーニュの大市は、プロヴァン、ラグニー、トロワ、バル=シュル=オーブといった市場都市を、年間を通して巡回していました。定期市は外国の商人もやって来る国際市だったので、通貨の両替を行う専門商人が生まれました。

ラ・ロシェルの港
(ラ・ロシェル/フランス)

12世紀頃より防衛の拠点として栄えた港町。ルネサンス期には新教派の要衝となり、フランス政府の攻撃を受けた末、陥落しました。

交易と船

新たな交易相手を求めて、中世の商人は知恵を絞りました。

異民族の侵入による混乱が落ち着くと、
プロヴァンのような市場都市が誕生し、人々の往来が盛んになりました。
しかし、道中は決して安全とは言えません。
商人たちの試行錯誤のなかで、新しい商売の形が生まれていきました。

Q1 危険な道中を、商人はどうやって移動したの？

A 隊商を組み、領主に守られながら移動しました。

中世中期までは都市や市まで商品を運んで商売をする商人（遍歴商人）が活躍していました。当時の道中は盗賊が横行し、危険に満ちていたため、彼らは隊商を組んで、都市の市場や宮廷に商品を運び、その土地で商品を購入して出発地に持ち帰るスタイルをとっていました。またその際、領主と契約を結んで護送をしてもらうこともありました。やがて通信網と金融業が発達すると、商人は商館を構えて定住し、各地の支店に人を派遣して商売を行うようになっていきます。

Q2 自治都市が封建領主と対立することはなかったの？

A 都市と国家との間でたびたび戦争が起こっています。

国家と都市の間で利害が衝突し、戦争へと発展したケースも何度かあります。ただし、ひとつの都市が国家の君主に太刀打ちすることはできません。そこで中世の各都市は共同の利益確保のために都市同盟を結成し、封建君主の軍事的圧力に対抗しました。北イタリアのロンバルディア同盟や北ドイツのハンザ同盟が有名です。

ハンザは「商人仲間」という意味で、都市防衛や交易を目的としたドイツの都市同盟です。リューベックを盟主とし、最盛期には100もの都市が加盟。1370年にはデンマーク海軍を打ち破ったこともありました。

③ 中世の交易では どんなものが取引されていたの？

A 地中海を介して贅沢品が、北方ルートを介して生活必需品が流通していました。

当時の交易は地中海にネットワークを張り巡らせた南方ルートと、北欧からジブラルタル海峡にかけての海域を中心とした北方ルートに分かれていました。前者では主に東方世界経由の贅沢品が多く、コショウなどの香辛料、絹製品や宝石などが、後者では毛皮や蝋のほか、羊毛や毛織物などが取引されていました。

④ 貿易商はいつも大金を持ち歩いていたの？

A そんなことはありません。

中世ヨーロッパでは、イタリア諸都市の金融業者によって手形や為替、保険などが生み出され、両替商が遠隔地貿易に介在するようになりました。資金の貸し付けなどの業務を手掛けるようになったことで、大金を持ったまま移動するケースは減っていきました。さらにカトリック教会が富の蓄積を非難して利息を断罪すると、商人たちによって銀行のシステムが作り出されることとなります。

⑤ 中世ヨーロッパの交易では どんな船が使われていたの？

A ガレー船やコッグが活躍していました。

地中海では古代ギリシア以来のガレー船が改良されながら使われていました。13～14世紀頃になると、「ラウンド・シップ（丸い船）」と呼ばれる2本のマストにそれぞれ大三角帆が張られた船が登場します。一方、北ヨーロッパでは、ヴァイキングの船から発展した全長30mほどで船体中央に1本マストを持ち長方形の帆を張ったコッグ船が活躍。15世紀になると、3本マストで三角帆を装備した帆船（カラベル船）が登場し、また海図と羅針盤によって外洋での航行が可能になっていきました。

ガレー船

『ハールレメルメールの海戦』（アムステルダム国立美術館／アムステルダム）

コッグ船

『スロイスの海戦』（国立図書館／パリ）

Q 当時の最新の科学って何？

『錬金術師』
ピーテル・ブリューゲル

中世の錬金術の風景を描いた版画。現代でも使われるビーカーやフラスコなどが用いられています。（メトロポリタン美術館所蔵／ニューヨーク）

A 実は錬金術でした。

錬金術の目指すところは、すべての物質を望むものに変えるという「賢者の石」を作り出すこと。結果的にそれは叶いませんでしたが、その過程での原始的な科学実験を入口にして、医療や技術革新のほか、哲学や宗教思想などの学問分野が進歩していきました。

魔術

現代科学ももとをたどれば、
錬金術と魔術に行きつきます。

黄金を作り出したい！
そんな欲望から生まれたのが錬金術です。
一見怪しげな印象しか受けないかもしれませんが、
科学実験の進化に加え、現代医療の土台が築かれたという側面を持っています。

① 錬金術が栄えたのはなぜ？

A 領主が援助したからです。

中世ヨーロッパにおいて錬金術が盛んになった背景には、王や領主による庇護と資金援助のもとで研究が行われたという背景があります。ただし、パトロンを得ることができた錬金術師はわずかで、多くが暗い実験室で研究に没頭したまま消えていきました。ロジャー・ベーコンやニコラ・フラメル、パラケルススといった高名な錬金術師も存在しましたが、多くがペテン師でした。

ハンガリーの首都ブダペストの一角には「黄金小路」と呼ばれる錬金術師たちの工房が集まった通りが伝わります。

② どんな実験が行われたの？

A 物質にさまざまな手を加える実験です。

錬金術の実験では、ろ過や結晶化などの実験を試しながら、物質から四元素（火・水・風・土）の精霊を抽出しようとしたり、甲虫を摺り砕いて作った粉末から銀を作ろうとしたり、さらには銅に手を加えて金に変えようとしたりしました。しかし、次第に金が作れないことがわかってくると、「賢者の石」や霊薬「エリクサー」の生成、さらには人造人間「ホムンクルス」の生成へと目的を変えていきました。

ホムンクルスを作ろうとする錬金術師。ホムンクルスは、蒸留器のなかに男性の精液を入れ、40日密閉することで生じる人造人間に、人間の血液を与えながら馬の胎内と同じ温度で40週間養うことで作り出せると考えられました。

Q3 錬金術の研究のなかで、どんな発見があったの？

A 多くの化学薬品が発見されました。

錬金術の研究の過程で、硫酸・硝酸・塩酸などが発見されました。また、古代ギリシア以来、ヨーロッパで信じられてきた四元素説や「血液、粘液、黄胆汁、黒胆汁」の4種類を人間の基本体液とする四体液説が否定されました。加えて16世紀初頭の錬金術師パラケルススが、梅毒の治療に水銀を使ったほか、アンチモン、鉛、銅、ヒ素などの金属化合物を医薬品に採用するなど、錬金術により、現代医療への扉が開かれました。

Q4 中世ヨーロッパに魔法使いは存在したの？

A 職業として成立していました。

魔女および魔法使いは、司祭や巫女として祭事を取り仕切ったり、薬草などの知識を持っていて医療を施したりしていました。一方で、特定の個人に災難が及ぶように呪いをかけるなどの依頼も受けていました。とはいえ、魔法使い自体が悪魔と契約した神に対する反逆者とされており、魔女狩りの対象となりました。

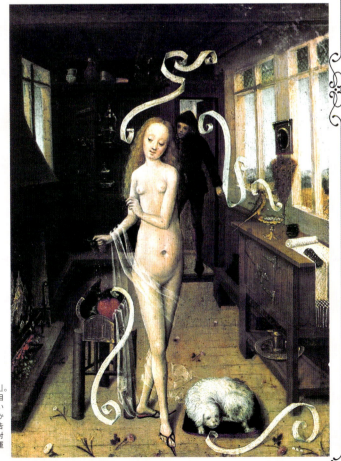

作者不詳『愛の魔法』。魔女は意中の相手に目を向けさせる魔法も使いこなしていました。しかし、魔法を使ったと密告された者は、弾圧の対象となり、処刑される運命にありました。

Q 中世ヨーロッパで、
　最も恐れられた災厄は何？

『死の勝利』
ピーテル・ブリューゲル

骸骨に扮した死がすべての階級の人へ襲いかかり、さまざまな処刑や殺害方法のほか、容赦なく蹂躙する様を描きました。各地の教会に残る「死の舞踏」の壁画などが当時の死生観を伝えています。(プラド美術館所蔵／マドリード)

A 黒死病、つまりペストです。

百年戦争中の1347年から1351年にかけて、ヨーロッパで猛威を振るったペストは、ヨーロッパの人口の30〜60％を死に至らしめたとされます。

疫病と災害

中世ヨーロッパのパンデミックに、なす術なく多くの命が失われました。

中世が終わりに近づいた15世紀、
人々の価値観を劇的に変える災厄、「黒死病」がヨーロッパを襲います。
不衛生な環境で瞬く間に広がったこの恐ろしい病気は、
全人口の3分の1の命を奪い、「中世」のすべてを破壊していきました。

Q 黒死病を、どうやって治療しようとしたの?

A 軟膏を塗ったり、リンパ腺を切り取ったりしました。

当時は、ペスト菌をノミが運び、ネズミがそのノミを運ぶという知識がなく、南風に乗ってやってくる瘴気が本体とされていました。そのため、香木を焚いて瘴気を追い払おうとしたほか、脇や股のリンパ腺がひどく腫れるので、その部分を切り取ったり、黒い斑点に軟膏を塗ったりしましたが、なんの効果もありませんでした。黒い斑点が皮膚を覆うと、一日から数日のうちに死に至りました。死者が出た家を焼き払うこともありました。

シチリア島の港町チェファルー。シチリア島は地中海の中央に位置し、各地からの商船が寄港していました。このシチリア島からヴェネツィアやマルセイユといった地中海沿岸の各港へ黒死病が渡ったと考えられています。

ノートルダム大聖堂があることでも知られるトゥルネーの街でも黒死病が大流行しました。病気で亡くなった人を埋葬する市民が描かれています。（提供：Alamy／アフロ）

Q2 黒死病は中世社会をどのように変えたの？

A 教会の権威や、それまでの死生観が崩れ去りました。

百年戦争の最中に起こった黒死病の大流行によって、農奴や農民の人口が激減します。感染を抑えられなかった教会に人々は失望する一方、死をより身近に感じるなかで「死を忘れるな（メメント・モリ）」の意識が浸透して生死観の変化が起きました。

Q3 中世の人々は疫病のほかにどんな災害に襲われたの？

A 気候変動に伴う飢饉や洪水が人々を苦しめていました。

気候変動による寒冷化や戦争での荒廃、農業技術の未発達によって、14世紀以降のヨーロッパは平均して約5年ごとに飢饉に見舞われたとされています。また低地地方では洪水が続発。黒死病以外にも、麦角菌感染症など、穀物からの中毒病や、天然痘などの疫病も猛威を振るいました。

1421年、ハンガリーの聖エリザベートの祝祭日にオランダを襲った洪水では、2000人以上の死者を出し、被災地域は、その後の数十年間、浸水したままだったとされます。『聖エリザベートの日の洪水』（アムステルダム国立美術館／アムステルダム）

141

Q 中世ヨーロッパが
不安定だったのはなぜ？

『パリ包囲戦』
ジャン=ヴィクトール・シュネッツ
パリに襲来したヴァイキングを打ち破るパリ伯ユーグ・カペー。（ヴェルサイユ宮殿美術館所蔵／ヴェルサイユ）

A 異民族の侵略が立て続けに起こったことも原因です。

フン族の侵攻が契機となってゲルマン民族の大移動が起こり、ローマの支配が崩壊。11世紀には北方のノルマン人がヴァイキングとなって西ヨーロッパを荒らし回りました。また、その後も東からは騎馬民族の侵入が続きました。

異民族

現代ヨーロッパ世界の幕開けは、異民族との同化から。

ゲルマン民族の大移動で幕を開けた中世ヨーロッパには、
その後も11世紀に至るまで、北と東から異民族の侵入が続きました。
しかし、破壊と殺戮が吹き荒れたあとに、
新たな文化が芽吹き始めたのです。

① ヴァイキングって、何者なの？

A スカンジナヴィア半島に居住した人々です。

スカンジナビア半島やバルト海沿岸の寒冷地に住んでいた北方ゲルマン人がヴァイキング（ノルマン人）です。農耕と牧畜・漁労に従事して細々と生活していましたが、8世紀以降の温暖化と人口増加によって食糧難が発生。持ち前の航海術のほか、地理や軍事の知識を生かして、ヨーロッパ各地で交易を行う一方、略奪と入植を積極化させていきました。

復元されたヴァイキングの船。ヴァイキングが操った喫水が浅くて細長いロングシップをノルウェーにあるヴァイキング船博物館で見学することができます。

② ヨーロッパの人々は、どのように異民族を懐柔したの？

A 同じキリスト教徒にしました。

476年の西ローマ帝国滅亡後、ゲルマン人諸族の侵入に直面したカトリックの司教らは、カトリックが異端としたアリウスを信仰していたゲルマン人への布教を進めていきました。ゲルマン人もローマ文化を取り入れて次第に同化し、西ゴート王国がアタナシウス派のカトリックに改宗。のちに台頭したフランク王国にもカトリック教会は接近し、ピピンの寄進により提携が成立しました。

144

イタリア沿岸の崖に沿って築かれたヴァルナッツァの街とサラセンの塔。岬の先端にそびえるサラセンの塔は、イスラーム海賊の襲撃に備えて建てられた物見のための塔です。

Q3 地中海沿岸は平穏だったの？

A イスラーム海賊が荒らし回っていました。

ローマ帝国による地中海支配が崩壊すると、7～9世紀にかけて地中海に跋扈したのは、イスラーム教徒の海賊でした。北アフリカの地中海沿岸に本拠を置く彼らは、イタリア、フランス、スペインなど、地中海沿岸の町や村に襲撃を繰り返し、誘拐したキリスト教徒を北アフリカや中東で奴隷として売り払いました。

Q4 中世ヨーロッパを震撼させた異民族は他にもいたの？

A 中央アジアの遊牧民です。

東ヨーロッパはフン族に続いて、6世紀にモンゴル系のアヴァール人、9世紀末にマジャール人の侵入を受けました。さらに13世紀後半にはユーラシア大陸の東西に及ぶ広大な領土を持つモンゴル帝国がヨーロッパ遠征を開始。トルコ系民族を次々と吸収しながら、モスクワ、キエフ、そしてハンガリー王国の首都ブダペストを破壊。さらにドイツ・ポーランド諸侯連合軍を破り、ウィーンまで迫りました。

14世紀に書かれた聖人伝『シュレジエンの聖ヤドヴィガの伝説』よりワールシュタットの戦い。左がモンゴル軍、右がドイツ・ポーランドの諸侯連合軍。

145

Q
世界で最初に開設された大学はどこ?

A
ボローニャ大学と言われています。

サラマンカ大学、パリ大学などヨーロッパ最古の大学群は12〜13世紀の間に確立したと考えられていますが、ボローニャ大学に至っては11世紀の成立とさらに古いものです。主に学生は聖職者で、神学のほか、医学や法学を学んでいました。

ボローニャ大学
（ボローニャ／イタリア）

世界最古の大学と言われるボローニャ大学。十字軍運動の時代、キリスト教神学への研究の窓口としてアリストテレスの哲学を学ぶことが奨励されました。大学の成立はこうした流行と深く関わっています。
（写真：Alamy／アフロ）

大学

キリスト教のための教育機関から、学術全般の最先端研究機関へ。

もともと聖職者の養成機関として始まった大学は、
やがて最先端の学問研究機関として、
医療や文化、理学分野に進歩をもたらし、知識層の地域拡散の一助となります。
国を背負うエリート学生たちの意欲的な向上心は、現代に受け継がれています。

① 当時の大学には、どんな学部があったの？

A 神学、法学、医学などがありました。

中世ヨーロッパの大学の教育課程は「自由七科」と言われ、「文法」「修辞」「論理」の下級とされる3学と、「数学」「音楽」「幾何」「天文」の上級4学を合わせた計7教科のことを指します。起源は、ローマ帝国末期の5世紀頃の自由民に必要な教養とされた科目にさかのぼり、10世紀以降には各地の大学に普及しました。

ボローニャ大学の講義風景。

② 今も続く大学はあるの？

A ほとんどが現在も超一流大学として続いています。

イギリスのエリート大学の両雄、ケンブリッジ大学とオックスフォード大学は、両者とも12世紀に作られ、自然科学の研究で大きな成果を出し、13世紀には貧窮学生を受け入れるために学寮制度を発達させました。ほかにも、11世紀にイスラーム文化の影響を受けて生まれた医学学校が、13世紀にフリードリヒ2世によって大学組織に改編されたサレルノ大学や、フィリップ2世によって創設されたパリ大学などが今も存続しています。

オックスフォード大学（左）とケンブリッジ大学（右）の2校は「オックスブリッジ」と呼ばれ、イギリスの政財界や文化人などエリート層を輩出しています。

パリ第一大学の校舎。1200年に開設されたパリ大学は、神学部に学寮を設けた人物の名から「ソルボンヌ」と呼ばれました。神学研究では最高峰とされ、多くの高位聖職者を輩出しました。

Q3 当時の大学の卒業生は、どんな職業についたの？

A 聖職者です。

ボローニャ大学などは、聖職者養成学校としてスタートしました。また、1348年にプラハでカール4世が創建した神聖ローマ帝国最古の大学プラハ大学は、カトリック教会を批判した神学教授フスを輩出し、フス派の拠点となりました。

Q4 当時のイスラーム圏には、大学のような機関はあったの？

A コーランを教える学校がありました。

イスラームの都市のモスクには、コーランを教える初等教育機関としてマドラサが開設され、972年にはカイロにアズハル学院が設立されました。現在はイスラーム圏最大の大学（アズハル大学）となっています。

★COLUMN かなりヤバい町医者

12〜13世紀頃からボローニャやモンペリエなどに医学部が設立され、医学を学んだ学生は王侯貴族の治療を行うようになりますが、庶民の間で行われていたのは、床屋や湯屋などによる瀉血(しゃけつ)（血液を体外に排出する）など、危険な民間療法的な処置でした。当然、事故が多発しましたが、組合を作って抵抗していたため規制されることはあまりありませんでした。

抜歯用の鉗子と大きな歯のネックレスを備えた歯医者。大きな市などで開業していました。

Q 中世ヨーロッパで、
　民衆に愛された英雄は？

『シャーウッドの森とロビン・フッドの「愉快な仲間たち」』
エドマンド・ジョージ・ウォーレン（提供：Artothek／アフロ）

A ロビン・フッドやウィリアム・テルなど、義賊が人気を博しました。

ロビン・フッドは、16世紀以降、シャーウッドの森に仲間たちと潜み、中世イギリスのジョン王に抵抗した義賊として伝わる人物です。また、ウィリアム・テルはスイス建国の英雄。悪代官に敬礼をしなかった弓の名手テルに、息子の頭の上に乗せたリンゴを射るように命じたエピソードは有名です。伝説ではテルは悪代官を殺し、これを契機にスイスは独立に向かったとされています。

民衆に愛された英雄

暗黒時代と言われた中世を、希望の光で照らした英雄たち。

建国の英雄、救国の聖少女、戦いに明け暮れた勇敢な王など、過酷な時代を生きた中世ヨーロッパの人々は英雄を求めてタペストリーや写本、彫刻などで彼らの功績を記録し、また英雄譚として語り継いでいきました。

Q1 中世ヨーロッパに戦うヒロインはいたの？

A ジャンヌ・ダルクが有名です。

百年戦争（1339～1453年）で劣勢に陥ったフランスに彗星のごとく現れ、包囲下にある重要拠点オルレアン解放の原動力となった少女です。王太子シャルルのフランス王の戴冠を実現させましたが、敵方の兵士に捕らえられ、イギリスによる魔女裁判で火刑となってしまいました。その後は歴史のなかに埋もれていましたが、19世紀に再発見され、フランス国家と国民の統合の象徴として復活を遂げました。

新古典主義の画家ドミニク・アングルが描いた『シャルル7世の戴冠式におけるジャンヌ・ダルク』。（ルーヴル美術館／パリ）

Q2 盛んに絵画に描かれた英雄にはどんな人がいたの？

A 「九大英雄」が語り伝えられました。

当時の人々も英雄好きだったようで、英雄たちが中世のタペストリーや写本、彫刻として表現されています。とくに中世後期には、第1回十字軍の指揮官のひとりであるゴドフロワ・ド・ブイヨン、ユダヤの英雄ヨシュアとダビデ王、ユダ＝マカベアス、トロイアの王子ヘクトル、アレクサンドロス大王、カエサル、アーサー王、カール大帝が「九大英雄」として人気を博しました。

ケルンの旧市役所に残る九大英雄の彫刻。

152

ウィリアム・ウォレスを記念して建てられたスコットランドのナショナル・ウォレス・モニュメント。

Q3 悲劇の英雄といえば誰？

A ウィリアム・ウォレスがいます。

ウィリアム・ウォレスはスコットランド独立運動の英雄として称えられる人物です。イングランド王のスコットランド支配に対して民衆と抵抗運動を行い、1297年のスターリング・ブリッジの戦いでイングランド軍に勝利をおさめました。この功績からスコットランド守護官に任じられましたが、のちにエドワード1世の前に敗れて処刑されました。1995年のアカデミー賞受賞作『ブレイブハート』は、このウォレスを主人公とした作品です。

Q4 ジョーカーのような ダークヒーローはいたの？

A ハーメルンの笛吹きが有名です。

ハーメルンの町に大繁殖したネズミを、笛吹き男が笛を吹いて退治しました。約束の報酬が払われず怒った男は、笛の音で町の子供たちを誘導して連れ去ってしまいました。笛吹きのモデルは、ドイツから東欧への入植を勧めるロカトールという請負人ではないかとされています。

ハーメルンの旧市街には舞楽禁制通りや笛吹き男の銅像があり、木組み建築の家屋が並んで、中世の面影を今にとどめています。

COLUMN 5
聖地巡礼

生涯に一度は訪れたいと願った
キリスト教ゆかりの聖地

キリストや十二使徒、聖人たちゆかりの地は、時に聖地として崇められ、中世に入ると、信仰の証としてや罪の償いなどを願うために、巡礼が奨励されました。巡礼先としては聖地イェルサレムとともに、十二使徒のひとり聖ヤコブの墓が発見されたスペインのサンティアゴ・デ・コンポステラが多くの巡礼者を集めました。そのほかにもさまざまな伝説を持つキリスト教の聖地がヨーロッパ各地に点在しています。

サンティアゴ・デ・コンポステラ

スペインのガリシア地方に位置するサンティアゴ・デ・コンポステラは、聖ヤコブの墓の場所に聖堂が建てられ、大勢の巡礼者が集まりました。巡礼者の人気が高いため、巡礼用に道路や橋を建設した「巡礼街道」が整備され、1日の旅程の間隔で修道士が宿泊所を設けたほどでした。

モン・サン・ミシェル

モン・サン・ミシェルに近い街の司教が、大天子ミカエルの「この岩山に聖堂を建てよ」というお告げを聞き、708年に海上にそびえ立つ岩山に修道院を建てたのが始まりと言われています。その後、966年にベネディクト派の修道院が造営されると、巡礼地として広く庶民へ知れわたるようになります。

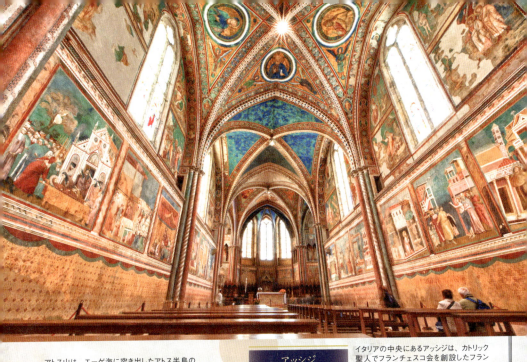

アッシジ

イタリアの中央にあるアッシジは、カトリック聖人でフランチェスコ会を創設したフランチェスコの故郷です。その功績を称えるため建てられたのが聖フランチェスコ聖堂で、堂内は『小鳥に説教する聖フランチェスコ』など、イタリア宗教芸術の美術館とも言われるほど、見事なフレスコや絵画があります。

アトス山

アトス山は、エーゲ海に突き出したアトス半島の先ある山です。ギリシア正教会の聖地であり、神に最も近い聖なる山とされています。ギリシャ共和国の領内ですが、現在も修道院による自治が認められています。古くからキリスト教徒が住んでいたとされ、中世中期には40あまりの修道院が林立していたと言われています。

■中世ヨーロッパ史年表

376年	西ゴート族の移住開始に伴い、ゲルマン民族の大移動が始まる。
395年	テオドシウス帝が没し、ローマ帝国が東西に分裂する。
476年	西ローマ帝国が滅亡する。
481年	メロヴィング家のクローヴィスがフランク王となる。
496年	クローヴィスがカトリックに改宗する。
493年	東ゴート族が東ゴート王国を建国する。
534年	ビザンツ帝国のユスティニアヌス帝による「ローマ法大全」が完成する。
589年	西ゴート王国がカトリックに改宗する。
610年	ムハンマドがイスラーム教を創始する。
732年	フランク王国のカール・マルテルがトゥール・ポワティエ間の戦いでウマイヤ朝を破る。
751年	カール・マルテルの子ピピンがフランク王となり、カロリング朝が始まる。
756年	ピピン、ローマ教皇にラヴェンナ地方を寄進する（ピピンの寄進）。
756年	イベリア半島に後ウマイヤ朝が成立する。
768年	カール1世、フランク王となる。
793年	ノルマン人、リンディスファーン島を襲撃する。
800年	カール1世、西ローマ皇帝となる（カールの戴冠）。
829年	イングランドにて、ウェセックス王エグバートが七王国を統一する。
843年	ヴェルダン条約が結ばれ、フランク王国が東・中・西の3つに分割する。
870年	メルセン条約が結ばれ、フランス、ドイツ、イタリアの原型ができる。
911年	西フランク国王シャルル3世、デーン人の指導者ロロにノルマンディーを与える。（ノルマンディー公国の建国）
955年	レヒフェルトの戦いで、東フランク王国のオットー1世がマジャール人を撃退する。

962年	オットー1世、教皇ヨハネス12世よりローマ帝冠を受け、神聖ローマ帝国が成立する。
987年	西フランク王国でカペー朝が成立する（フランス王国成立）。
1030年	クヌートによる北海帝国が完成する。
1054年	東方正教会（ギリシア正教）とカトリック（ローマ）が分裂する。
1066年	ノルマンディー公ギヨーム、イングランドを征服し、ウィリアム1世として即位する（イギリス王国成立）。
1071年	セルジューク朝がイェルサレムを占領する。
1077年	カノッサの屈辱。
1095年	教皇ウルバヌス2世がクレルモン公会議で十字軍運動を宣言する。
1099年	第1回十字軍によりイェルサレムが陥落する。
1130年	両シチリア王国が成立する。
1204年	第4次十字軍がコンスタンティノープルを占領し、ラテン帝国を建国する。
1241年	都市同盟（ハンザ同盟）が結成される。
1241年	ワールシュタットの戦いでポーランド・ドイツ諸侯連合軍がモンゴル軍に大敗する。
1339年	百年戦争が勃発する。
1347年	黒死病（ペスト）がヨーロッパで大流行。
1358年	フランスで農民反乱（ジャックリーの乱）が勃発する。
1381年	イギリスで農民反乱（ワット・タイラーの乱）が勃発する。
1419年	フス戦争が始まる。
1429年	ジャンヌ・ダルクがオルレアンを解放する。
1445年頃	グーテンベルクにより、活版印刷術が発明・実用化される。
1453年	オスマン帝国により、ビザンツ帝国が滅亡する。 ボルドーがフランスの手に落ち、百年戦争が終結する。

★ 主な参考文献（順不同）

- 『中世ヨーロッパの城の生活』
  ジョセフ・ギース、フランシス・ギース、栗原泉訳（講談社）
- 『中世ヨーロッパの都市の生活』
  ジョセフ・ギース、フランシス・ギース、栗原泉訳（講談社）
- 『中世ヨーロッパの農村の生活』
  ジョセフ・ギース、フランシス・ギース、青島淑子訳（講談社）
- 『中世ヨーロッパの騎士』フランシス・ギース、椎野淳訳（講談社）
- 『中世ヨーロッパの歴史』堀越孝一（講談社）
- 『ヨーロッパの出現』樺山紘一（講談社）
- 『ヨーロッパ史における戦争』
  マイケル・ハワード、奥村房夫・奥村大作訳（中央公論新社）
- 『ヨーロッパ中世の城』野崎直治（中央公論新社）
- 『F-FILES No.054 図説中世の生活』池上正太（新紀元社）
- 『図説西洋騎士道大全』
  アンドレア・ホプキンズ、松田英・山口恵理子・都留久夫訳（東洋書林）
- 『中世ヨーロッパの服装』オーギュスト・ラシネ（マール社）
- 『中世ヨーロッパの城塞─攻防戦の舞台となった中世の城塞、要塞、および城壁都市』J・E・カウフマン＆H・W・カウフマン著、中島智章訳（マール社）
- 『聖人366日事典』鹿島茂（東京堂出版）
- 『中世ヨーロッパの食生活』ハンネレ・クレメッティラー、龍和子訳（原書房）
- 『ヨーロッパ服飾物語Ⅱ』内村里奈（北樹出版）
- 『「知」のビジュアル百科25 中世ヨーロッパ入門』
  アンドリュー・ラングリー、池上修一日本語版監修（あすなろ書房）
- 『世界服飾史』深井晃子監修（美術出版社）
- 『図説中世ヨーロッパの暮らし』河原温・堀越宏一（河出書房新社）
- 『戦闘技術の歴史2 中世編』マシュー・ベネット、ジム・ブラッドベリー、ケリー・デヴリース、イアン・ディッキー、フィリス・G・ジェスティス著、淺野明監修、野下祥子訳（創元社）
- 『図説中世ヨーロッパ武器・防具・戦術百科』
  マーティン J.ドアティ著、日暮雅通訳（原書房）
- 『詳説世界史研究』木下康彦、本村凌二、吉田寅編（山川出版社）

モン・サン・ミシェル（フランス）

★ 祝田秀全（いわた・しゅうぜん）

東京出身。歴史学専攻。東京外国語大学アジア・アフリカ言語文化研究所共同研究員を経て、聖心女子大学文学部歴史社会学科講師。主な著書・監修書に『銀の世界史』（筑摩書房）、『東大生が身につけている教養としての世界史』（河出書房新社）、『2時間でおさらいできる世界史』（大和書房）、『歴史が面白くなる東大のディープな世界史』（中経出版）、『エリア別だから流れがつながる世界史』（朝日新聞出版）、『近代建築で読み解く日本』（祥伝社）などがある。趣味は古典落語鑑賞、コーヒー飲用。ジャマイカのあの山の中腹でとれるコーヒー豆を炒って飲んでみたい。

世界でいちばん素敵な
中世ヨーロッパの教室

2024年12月1日　第1刷発行

監修	祝田秀全
編集	ロム・インターナショナル
編集協力	江藤純
写真協力	アフロ、Adobe Stock
装丁	公平恵美
本文DTP	伊藤知広(美創)

発行人	塩見正孝
編集人	神浦高志
販売営業	小川仙丈
	中村崇
	神浦絢子
印刷・製本	TOPPANクロレ株式会社

発行　株式会社三才ブックス
〒101-0041
東京都千代田区神田須田町2-6-5 OS'85ビル 3F
TEL:03-3255-7995
FAX:03-5298-3520
https://www.sansaibooks.co.jp/
mail:info@sansaibooks.co.jp

※本書に掲載されている写真・記事などを無断掲載・無断転載することを固く禁じます。
※万一、乱丁・落丁のある場合は小社販売部宛にお送りください。送料小社負担にてお取り替えいたします。

©三才ブックス 2024

バンベルク市庁舎(ドイツ)